高等职业教育汽车类专业新型活页工作手册式系列教材

系列教材主编：戚文革　邹玉清

U0943052

汽车自动变速器维修教学工作页

苗　莹◎编著

中国铁道出版社有限公司
CHINA RAILWAY PUBLISHING HOUSE CO., LTD.

内 容 简 介

本教学工作页为贯彻国务院印发的《国家职业教育改革实施方案》（简称“职教20条”）文件精神，落实“新型活页式、工作手册式”职业教育教材的要求而编写，与主教材《汽车自动变速器维修》（ISBN 978-7-113-28575-3）配套开发，共分六个项目，包括保养自动变速器、分解检查自动变速器油泵、检修液力变矩器、拆装与清洗自动变速器阀体、分解检查自动变速器、检查自动变速器电控系统。每个项目均包含项目任务单、项目导入、项目实施和案例四部分内容。

本教学工作页的特点有：以“做事”的职业行动作为认知起点；使用多样化，可视化表达方式；设计实施“微组织”环节；多环节、多形式的“专业+素养+创新”有机融合；增加了典型案例和新知识、新工艺。本教学工作页为校企行合作开发，充分融入职业要素，适合作为高职高专院校和其他职业学校汽车类专业的教材，也可作为有关人员的岗位培训教材。

图书在版编目（CIP）数据

汽车自动变速器维修教学工作页/苗莹编著. —北京：中国铁道出版社有限公司，2022.11
高等职业教育汽车类专业新型活页工作手册式系列教材
ISBN 978-7-113-29585-1

Ⅰ. ①汽… Ⅱ. ①苗… Ⅲ. ①汽车-自动变速装置-车辆修理-高等职业教育-教材 Ⅳ. ①U472.41

中国版本图书馆CIP数据核字（2022）第156136号

书　　名：汽车自动变速器维修教学工作页
QICHE ZIDONG BIANSUQI WEIXIU JIAOXUE GONGZUOYE
作　　者：苗　莹

策　　划：钱　鹏　　**编辑部电话**：（010）83552550
责任编辑：钱　鹏　彭立辉
封面设计：刘　颖
责任校对：安海燕
责任印制：樊启鹏

出版发行：中国铁道出版社有限公司（100054，北京市西城区右安门西街 8 号）
网　　址：http://www.tdpress.com/51eds/
印　　刷：北京联兴盛业印刷股份有限公司
版　　次：2022 年 11 月第 1 版　2022 年 11 月第 1 次印刷
开　　本：787 mm×1 092 mm 1/16　**印张**：6. 25　**字数**：177 千
书　　号：ISBN 978-7-113-29585-1
定　　价：29. 00 元

版权所有　侵权必究

凡购买铁道版图书，如有印制质量问题，请与本社教材图书营销部联系调换。电话：（010）63550836
打击盗版举报电话：（010）63549461

序

职业教育的本质是“学习如何工作”的教育，即培养学生具备与工作任务相匹配的职业能力。职业能力遵循新手—生手—熟手—专家/高手的成长规律，如何在职业教育中实施符合职业能力成长规律的落地措施，是职业教育教学设计的首要原则。

本书的教学内容设计是在微组织教学模式“教与学”的行动逻辑指导下完成的。微组织教学模式是行动导向教学具体实施中运用的一个具体化方法，由教学情境导入、任务发布、任务实施、检查纠错、结果评价五个环节构成，其本质特征是：针对问题，师生之间建立即时反馈系统。要求教师具有对问题察之入微的敏感性，针对每个问题做出即时反馈。微组织教学模式实施过程中要求对任何一个知识点、技能均做到“一点一讲一练一确认”。

教学工作页是微组织教学模式的实施工具，是教师“教”与学生“学”的引导性教学文件，是学生思维过程、学习过程、学习结果可视化表达与老师即时反馈的载体。

教学工作页设计实现了以下四点创新：

一、以“做事”的行动作为认知起点

以“做事”的行动作为认知起点，建构基于“做事”的行动体系认知结构，而非学科知识体系“认知结构”，以与学生行动能力相匹配的“做事”的显性行动单元作为教学设计起点。

二、学习过程可视化设计表达

根据学习内容选择多样化的可视化表达方式，可视化设计包括两个方面：一是学生的学习思维过程老师要看得见；二是学习结果老师要看得见，将学习活动的隐性部分可视化，为教学过程个性化的及时反馈创造前提条件。

三、教学过程“教与学”即时反馈

对学习过程与学习结果是否符合老师要求要做出及时反馈意见，及时反馈为学生学习偏差及时提供“支架”，赋能“成功学习”，激发内模拟机制，实现班级集体授课制条件下的因材施教。

四、实现“知识、能力、素质”一体化成长

任何一个学习行动都是“知识、能力、素养”构成的“复合体”，在行动中理解掌握行动赖以发生的“知识”，在行动中积淀提升完成行动的“能力”，在行动中规塑做事做人的“素养”。一个行动能够“达标完成”所涉及的“知识、能力、素养”一个也不能少，在行动全过程所有节点与最终成果所涉及的“知识、能力、素养”都进行可视化呈现，依据“合格标准”进行即时反馈、纠正、刻意训练，直到正确为止，全程“贯标”从而实现。

自2016年起，吉林电子信息职业技术学院在汽车专业群、机械专业群起动了面向教育对象的提升教学育人有效性教学改革，教学工作页的创建与应用是教学改革标志性成果之一。

希望本书能够为高等职业院校汽车类专业课程教学设计提供借鉴。

戚文革

2022年2月

前言

本教学工作页为贯彻国务院印发的“职教20条”文件精神，落实“新型活页式、工作手册式”职业教育教材的要求而编写。与教材《汽车自动变速器维修》（ISBN 978-7-113-28575-3）配套开发，共分六个项目，包括保养自动变速器、分解检查自动变速器油泵、检修液力变矩器、拆装与清洗自动变速器阀体、分解检查自动变速器、检查自动变速器电控系统。

本教学工作页具有以下特点：

1. 以“做事”的职业行动作为认知起点，突出职业能力培养

将项目中每个任务的工作内容序化为作业准备、拆卸、检修和安装等完整的工作过程，在工作过程中认知自动变速器结构、作业方法、技术标准和要求等职业知识，即按照“实践—认识—再实践—再认识”的发展规律，以“做事”的职业行动作为认知起点，在完成职业活动（包含职业行动和职业知识）过程中不断积淀职业能力，突出职业能力培养。

2. 使用多样化可视化表达方式和“即时反馈”，实现了因材施教

根据学习内容选择了流程图、列表及方框等多样化的学生学习过程可视化表达方式；学习过程可视化设计为即时反馈奠定了基础，教学过程针对问题“时时、事事、人人”的即时反馈，实现了班级集体授课制条件下的因材施教。

3. 设计实施“微组织”环节，实现“知识、能力、素养”一体化成长

每个行动都设计了“微组织：老师检查纠错，学生改正错误”环节。在教学过程中老师依据“合格标准”，采用检查纠错方式，对每个行动所涉及的“知识、能力、素养”进行即时反馈、纠正、刻意训练，学生在不断地改正错误直到正确为止的过程中，实现了“知识、能力、素养”一体化成长。

4. 多环节多形式的“专业＋素养＋创新”有机融合，实现“思创”培养目标

在项目导入中，保持与主教材《汽车自动变速器维修》一致的“汽车医生”主题，结合每个项目的专业性，培养学生一丝不苟、精益求精的专业精神。通过以上多环节多形式的“专业＋素养＋创新”有机融合，实现在专业教育中突出“人的底色”与创新素质的培养目标。

5. 校企行合作开发，充分融入职业要素

本书由吉林电子信息职业技术学院教师苗莹编著，吉林市磊 π 汽车修理行技术总监王磊等老师对全书进行了认真细致的审阅，并提出了宝贵的意见和建议，在此表示衷心感谢！

由于编著者水平有限，书中难免存在疏漏与不妥之处，恳请广大读者批评指正。

编著者

2022 年 2 月

目 录

项目一　保养自动变速器

项目任务单

<table>
<tr><td>项目描述</td><td>完成 2007 款宝来 1.6 L/AT 轿车 01M 自动变速器保养作业</td></tr>
<tr><td>项目要求</td><td>符合 2007 款宝来 1.6 L/AT 轿车自动变速器的保养技术要求与标准，正确使用工具，完成如下检修作业：
1. 检查自动变速器；
2. 更换自动变速器油液</td></tr>
<tr><td>学习目标</td><td>1. 能够准确描述自动变速器的基本组成、类型和优缺点；
2. 能够准确描述自动变速器的检查方法；
3. 能够准确描述自动变速器的油液更换方法；
4. 能够规范地对自动变速器进行检查作业；
5. 能够规范地对自动变速器进行油液更换作业；
6. 能够养成自觉遵守技术标准和要求规定、规范操作、安全、环保、5S 作业的好习惯；
7. 培养劳动光荣和创新意识</td></tr>
<tr><td>项目载体</td><td>
2007 款宝来 1.6 L/AT 轿车 01M 自动变速器</td></tr>
<tr><td>计划学时</td><td>4 ～ 8 学时</td></tr>
</table>

工作页	上课地点		学生姓名		完成 / 未完成
	任课老师		上课时间		优 / 良 / 中 / 及格

项目导入

小王开着公司的车去外地出差，还没开到目的地就感觉汽车动力明显不足。小王只会开车，其他方面就是一个车盲，提心吊胆地在下一个高速路口驶出高速公路，就近找到一个维修点进行检查，动力不足可能是什么原因？

想一想

大家思考：行车动力不足可能有什么因素？把想到的原因用铅笔认真地写在下面方格内。

写一写

请查阅相关资料，将不同种类、用途的车辆自动变速器保养里程数，填到下表中，并思考保养里程不同的原因。

自动变速器保养里程

商用车		保养里程：
出租车		保养里程：
家庭用车		保养里程：

微组织 1：老师检查纠错，学生改正错误。微评价：☆☆☆☆☆

安全教育与防护要求

请叙述保养自动变速器的安全与防护要求，做好防护准备，同时进行自检和互检。若已完成，请在方框内用铅笔打“√”。

☐ 工作服穿戴“四紧”；

☐ 未佩戴手表、戒指、手链、项链等金属饰物；

☐ 严禁摆弄与本任务无关的设备和工具；

☐ 严禁在实训场地追逐、嬉戏、打闹。

微组织 2：老师检查纠错，学生改正错误。微评价：☆☆☆☆☆

项目实施

任务一　检查自动变速器

步骤一　作业准备

请检查作业准备情况，根据检修作业要求做好作业准备，并将检查结果填入检查自动变速器作业准备情况检查表，见表 1-1-1。若已准备，请在方框里画上“√”;若有遗漏，请补充后画上“√”。

表 1-1-1　检查自动变速器作业准备情况检查表

项目	内　　容
作业场地	带有消防设施的作业场地□
设备设施	2007 款宝来 1.6 L/AT 轿车□　工具车□　零件车□　吹气枪□　垃圾桶□　举升机□
工具 / 辅具	套筒扳手组合套具□　诊断仪□　预置力式扭力扳手□　机油回收车□　手电筒□
耗材	清洁布□　泡沫清洁剂□　ATF □

微组织 3：老师检查纠错，学生改正错误。微评价：☆☆☆☆☆

步骤二　检查自动变速器外观

1. 请观看老师示范检查过程，结合老师讲解查阅教材和观看相关视频。制订出检查自动变速器的工作计划，并填写在检查自动变速器外观工作计划表中，见表 1-1-2。

表 1-1-2　检查自动变速器外观工作计划表

工序	内　　容	工具 / 辅具
1		
2		
3		
4		
5		
6		
7		
8		
9		
10		
11		
12		
13		

续表

工序	内　　容	工具 / 辅具
14		
15		
16		
17		
18		
19		
20		

微组织 4：老师检查纠错，学生改正错误。微评价：☆☆☆☆☆

2. 请进行检查并总结操作过程中存在的问题，将问题填写在检查自动变速器外观问题汇总简析表中，并对产生的原因进行简要分析，见表 1-1-3。

表 1-1-3　检查自动变速器外观问题汇总简析表

序号	问　　题	简　　析
1		
2		
3		
4		
5		
6		
7		
8		
9		
10		

微组织 5：老师检查纠错，学生改正错误。微评价：☆☆☆☆☆

3. 请在图 1-1-1 中填入自动变速器的作用。

图 1-1-1　自动变速器的作用

微组织 6：老师检查纠错，学生改正错误。微评价：☆☆☆☆☆

步骤三　检查自动变速器油液

1. 请观看老师示范检查过程，结合老师讲解查阅教材和观看主教材中相关视频。通过学习制订出检查自动变速器油液工作计划，并填写在检查自动变速器油液工作计划表中，见表 1-1-4。

表 1-1-4　检查自动变速器油液工作计划表

工序	内　　容	工具 / 辅具
1		
2		
3		
4		
5		
6		
7		
8		
9		
10		
11		
12		
13		
14		
15		
16		
17		
18		
19		
20		
21		
22		

微组织 7：老师检查纠错，学生改正错误。微评价：☆☆☆☆☆

2．请将进行检查并总结操作过程中存在的问题填写在检查自动变速器油液问题汇总简析图中，并对产生的原因进行简要分析，如图 1-1-2 所示。

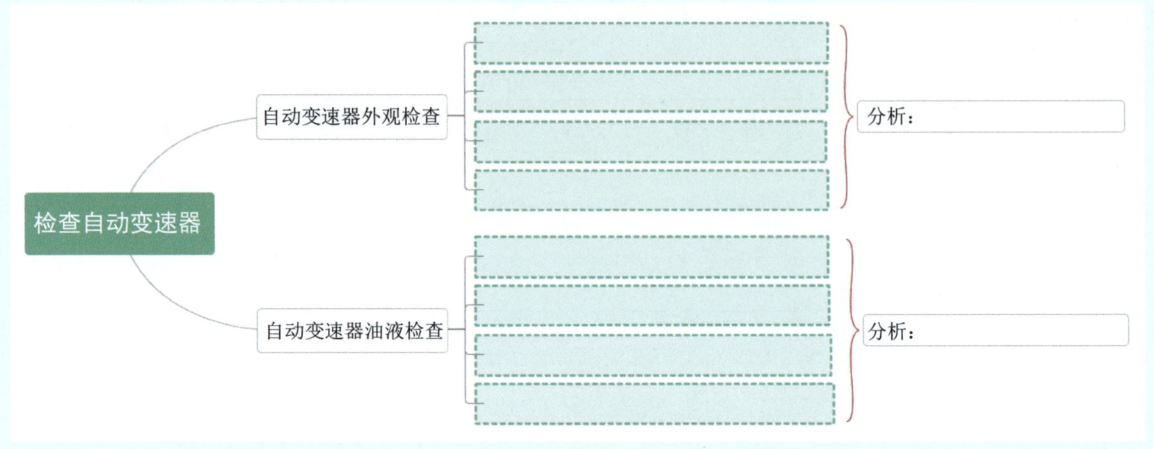

图 1-1-2　检查自动变速器油液问题汇总简析图

微组织 8：老师检查纠错，学生改正错误。微评价：☆☆☆☆☆

3．请完善表 1-1-5 检查自动变速器技术标准。

表 1-1-5　检查自动变速器技术标准

放油螺栓力矩	
变速器油温	

微组织 9：老师检查纠错，学生改正错误。微评价：☆☆☆☆☆

4．请在方格内写出检查自动变速器的要求。

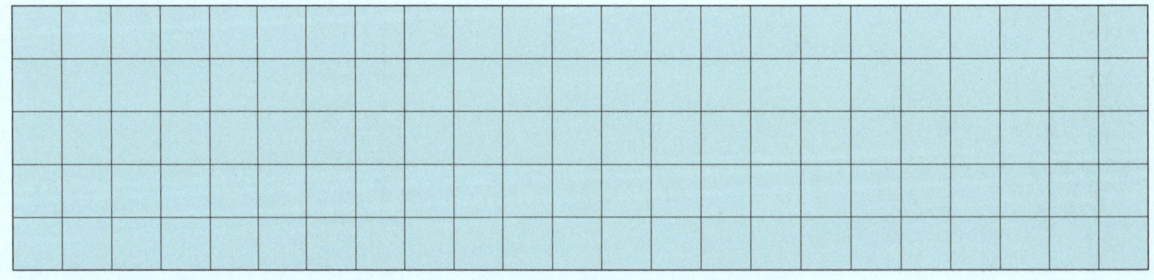

微组织 10：老师检查纠错，学生改正错误。微评价：☆☆☆☆☆

案例

案例一：一家 4S 店的学徒工在给汽车做保养时，忘记检查该车自动变速器的油位，没有发现自动变速器的油液不足。

故障分析：如果变速器油液不足，会导致变速器主油压降低，变速器内部离合器与制动器结合力度不够，造成离合器片和制动器片打滑，汽车行驶无力甚至无法行驶。

故障排除：对自动变速器油液做定期检查，以防变速器动力不足。

案例二：一家修配厂的学徒在检查自动变速器油液后，不小心把放油螺栓垫片弄丢。在安装螺栓时也未加装新的垫片。导致自动变速器油泄漏，影响汽车的正常行驶。

故障分析：垫片起密封作用，因为放油螺钉与油底壳的接触面不可能做到完全平整，两者接触后并不会十分贴合，而垫片能够弥补放油螺栓与油底壳之间的缝隙，使之达到密封。但如果忘加放油螺栓，可能会渗油。如果车辆处于停止状态，漏得就慢一点；如果处在行驶状态，就会漏得很快。

故障排除：给放油螺栓加上垫片。

任务二　更换自动变速器油

步骤一　作业准备

请检查作业准备情况，根据检修作业要求做好作业准备，并将检查结果填入更换自动变速器油作业准备情况检查表，见表1-2-1。若已准备，请在方框里画上"√"；若有遗漏，请补充后画上"√"。

表 1-2-1　更换自动变速器油作业准备情况检查表

项目	内　容
作业场地	带有消防设施的作业场地□
设备设施	2007 款宝来 1.6 L/AT 轿车□　工具车□　零件车□　吹气枪□　垃圾桶□　举升机□
工具 / 辅具	套筒扳手组合套具□　诊断仪□　预置力式扭力扳手□　机油回收车□　自动变速器加油壶□
耗材	清洁布□　泡沫清洁剂□　ATF □

微组织 1：老师检查纠错，学生改正错误。微评价：☆☆☆☆☆

步骤二　放自动变速器油

1. 请观看老师示范放油过程，结合老师讲解查阅教材和观看相关视频。制订出放自动变速器油工作计划，并填写在放自动变速器油工作计划表中，见表 1-2-2。

表 1-2-2　放自动变速器油工作计划表

工序	内　容	工具 / 辅具
1		
2		
3		
4		
5		
6		
7		
8		
9		
10		
11		
12		
13		
14		

续表

工序	内　　容	工具 / 辅具
15		
16		
17		
18		
19		
20		

微组织 2：老师检查纠错，学生改正错误。微评价：☆☆☆☆☆

2. 请放出自动变速器油液并总结操作过程中存在的问题，将问题填写在放自动变速器油问题汇总简析表中，并进行简要分析，见表 1-2-3。

表 1-2-3　放自动变速器油问题汇总简析表

序号	问　　题	简　　析
1		
2		
3		
4		
5		
6		
7		
8		
9		
10		
11		
12		
13		

微组织 3：老师检查纠错，学生改正错误。微评价：☆☆☆☆☆

3. 请在图 1-2-1 中写出自动变速器油液的作用。

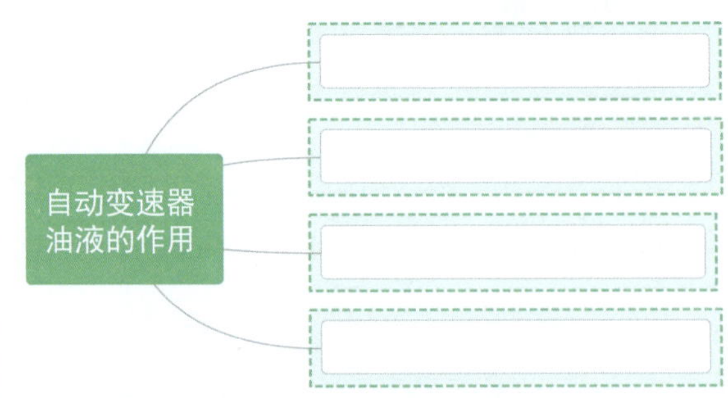

图 1-2-1　自动变速器油液的作用

微组织 4：老师检查纠错，学生改正错误。微评价：☆☆☆☆☆

步骤三　自动变速器油液加注

1. 通过阅读和观看视频学习，制订出自动变速器油液加注工作计划，并填写在自动变速器油液加注工作计划表中，见表 1-2-4。

表 1-2-4　自动变速器油液加注工作计划表

工序	内　容	工具 / 辅具
1		
2		
3		
4		
5		
6		
7		
8		
9		
10		
11		
12		
13		
14		
15		
16		
17		

续表

工序	内　　容	工具 / 辅具
18		
19		
20		

微组织 5：老师检查纠错，学生改正错误。微评价：☆☆☆☆☆

2．请加注自动变速器油液并总结操作过程中存在的问题，将问题填写在自动变速器油液加注问题汇总简析表中，并进行简要分析，见表 1-2-5。

表 1-2-5　自动变速器油液加注问题汇总简析表

序号	问　　题	简　　析
1		
2		
3		
4		
5		
6		
7		
8		
9		
10		

微组织 6：老师检查纠错，学生改正错误。微评价：☆☆☆☆☆

3．填写更换自动变速器油技术标准及要求，见表 1-2-6。

表 1-2-6　更换自动变速器油技术标准及要求

技术标准	油底壳固定螺栓	
	滤清器的固定螺栓力矩	
	放油螺栓力矩	
	变速器油温	
要求		

微组织 7：老师检查纠错，学生改正错误。微评价：☆☆☆☆☆

案例

案例：一名学徒工在给自动变速器更换油滤芯时，忘记安装固定螺栓，导致汽车在行驶过程中油滤芯脱落。

故障分析：如果变速器没有油滤，将会使油液中的杂质随着油泵流入滑阀箱内部，大量的杂质会堵塞油路，导致滑阀滑动不畅，影响变速器挡位更换。大量的杂质也会严重磨损离合器片，会使离合器的夹紧力大幅度降低，并且过脏的变速器油也会引起变速器换挡逻辑混乱，造成变速器乱挡，迟迟不能升挡、降挡等故障。堵塞严重时会造成汽车无法挂挡。

故障排除：安装变速器油滤芯时，安装好固定螺栓。

项目二　分解检查自动变速器油泵

项目任务单

项目描述	完成 2007 款宝来 1.6 L/AT 轿车 01M 自动变速油泵分解与检测作业
项目要求	符合 2007 款宝来 1.6 L/AT 轿车自动变速器技术要求与标准，正确使用工具，完成如下检修作业： 1．拆卸自动变速器油泵； 2．检测自动变速器油泵； 3．安装自动变速器油泵
学习目标	1．准确描述自动变速器油泵的基本组成和工作内容； 2．准确描述自动变速器油泵的拆卸方法； 3．准确描述自动变速器油泵的检测方法； 4．准确描述自动变速器油泵的安装方法； 5．规范地对自动变速器油泵进行拆卸作业； 6．规范地对自动变速器油泵进行检修作业； 7．规范地对自动变速器油泵进行安装作业； 8．养成自觉遵守技术标准和要求规定、规范操作、安全、环保、5S 作业的好习惯； 9．培养劳动意识，锻炼吃苦耐劳的精神； 10．认识到学会思考问题就是创新
项目载体	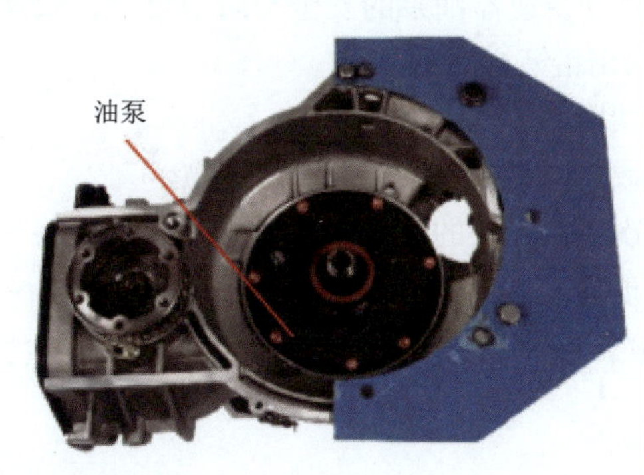 2007 款宝来 1.6 L/AT 轿车 01M 自动变速器油泵
计划学时	4 ～ 6 学时

工作页	上课地点		学生姓名		完成 / 未完成
	任课老师		上课时间		优 / 良 / 中 / 及格

项目导入

王鹏的车已经开了 10 年,今天在上班的路上发现汽车行驶时挂入挡位时结合过慢,有顿挫感,小心地开到单位,想下班后去维修店检查一下。大家帮他想想汽车的问题出现在哪几方面。

想一想

大家思考:行车时挡位挂入不畅可能有什么因素?

写一写

请查阅相关资料,在下图的空白处填上指示位置的名称。

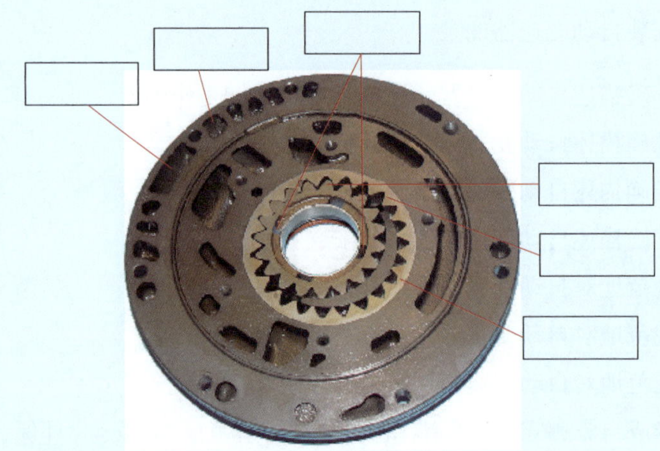

微组织 1:老师检查纠错,学生改正错误。微评价:☆☆☆☆☆

安全教育与防护要求

请叙述分解检查自动变速器油泵的安全与防护要求,做好防护准备,同时进行自检和互检。若已完成,请在方框内用铅笔打“√”。

□ 工作服穿戴“四紧”;

□ 未佩戴手表、戒指、手链、项链等金属饰物;

□ 严禁摆弄与本次任务无关的设备和工具;

□ 严禁在实训场地追逐、嬉戏、打闹。

微组织 2:老师检查纠错,学生改正错误。微评价:☆☆☆☆☆

项目实施

任务一　拆卸自动变速器油泵

步骤一　作业准备

请检查作业准备情况，根据检修作业要求做好作业准备，并将检查结果填入拆卸自动变速器油泵作业准备情况检查表中，见表 2-1-1。若已准备，请在方框里画上“√”；若有遗漏，请补充后画上“√”。

表 2-1-1　拆卸自动变速器油泵作业准备情况检查表

项目	内　容
作业场地	带有消防设施的作业场地□
设备设施	2007 款宝来 1.6 L/AT 轿车□　工具车□　零件车□　吹气枪□　垃圾桶□　举升机□
工具 / 辅具	套筒扳手组合套具□　台钳□　预置力式扭力扳手□　机油回收车□　手电筒□
耗材	清洁布□　泡沫清洁剂□　ATF □

微组织 3：老师检查纠错，学生改正错误。微评价：☆☆☆☆☆

步骤二　拆卸自动变速器油泵

1. 请观看老师示范拆卸过程，结合老师讲解查阅教材和观看相关视频。制订出拆装自动变速器油泵工作计划，并填写在拆卸自动变速器油泵工作计划表中，见表 2-1-2。

表 2-1-2　拆卸自动变速器油泵工作计划表

工序	内　容	工具 / 辅具
1		
2		
3		
4		
5		
6		
7		
8		
9		
10		
11		
12		

续表

工序	内　容	工具 / 辅具
13		
14		
15		
16		
17		
18		
19		
20		

微组织 4：老师检查纠错，学生改正错误。微评价：☆☆☆☆☆

2. 请实施拆卸并总结操作过程中存在的问题，将问题填写在拆卸自动变速器油泵问题汇总简析表中，并对产生的原因进行简要分析，见表 2-1-3。

表 2-1-3　拆卸自动变速器油泵问题汇总简析表

序号	问　题	简　析
1		
2		
3		
4		
5		
6		
7		
8		
9		
10		

微组织 5：老师检查纠错，学生改正错误。微评价：☆☆☆☆☆

3．请在图 2-1-1 中填入自动变速器油泵的作用。

图 2-1-1　自动变速器油泵的作用

微组织 6：老师检查纠错，学生改正错误。微评价：☆☆☆☆☆

步骤三　分解自动变速器油泵

1．请观看老师示范分解过程，结合老师讲解查阅教材和观看相关视频。通过学习制订出分解自动变速器油泵工作计划，并填写在分解自动变速器油泵工作计划表中，见表 2-1-4。

表 2-1-4　分解自动变速器油泵工作计划表

工序	内　容	工具 / 辅具
1		
2		
3		
4		
5		
6		
7		
8		
9		
10		
11		
12		
13		
14		
15		
16		
17		
18		
19		
20		

微组织 7：老师检查纠错，学生改正错误。微评价：☆☆☆☆☆

2．请将分解自动变速器油泵及操作过程中存在的问题，填写在分解自动变速器油泵问题汇总简析图中，并对产生的原因进行简要分析，如图 2-1-2 所示。

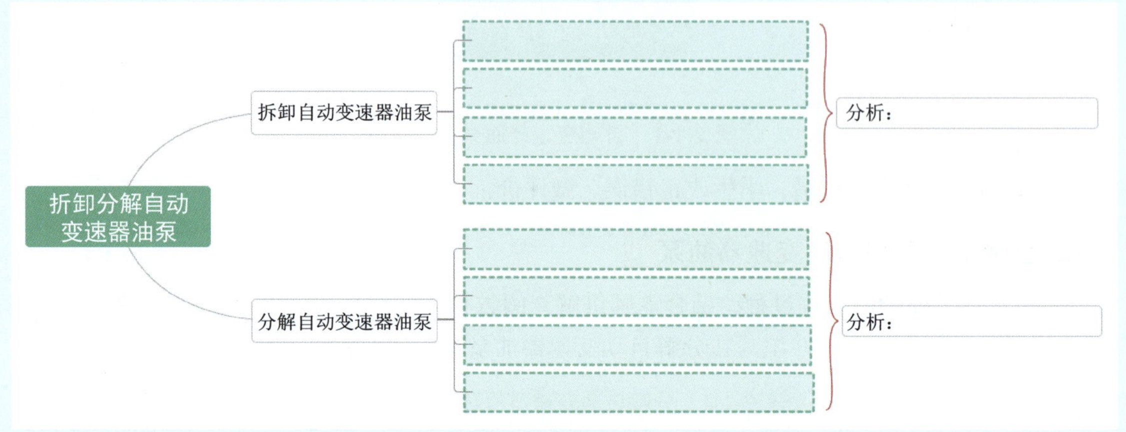

图 2-1-2　分解自动变速器油泵问题汇总简图

微组织 8：老师检查纠错，学生改正错误。微评价：☆☆☆☆☆

3．请在方格内写出自动变速器油泵拆卸要求。

微组织 9：老师检查纠错，学生改正错误。微评价：☆☆☆☆☆

案例

案例：学徒工在安装油泵时，忘记安装油泵密封垫。

故障分析：一辆 2007 款宝来车进店做自动变速器保养，学徒工小王为该车自动变速器更换保养件，但是在最后安装油泵时，忘记了安装油泵的密封垫，导致汽车在行驶后出现主油压不稳定，换挡冲击明显，启动无力的症状，增加了变速器内部元器件的磨损。

故障排除：安装油泵时，安装好油泵密封垫。

任务二　检测自动变速器油泵

步骤一　作业准备

请检查作业准备情况，根据检修作业要求做好作业准备，并将检查结果填入检测自动变速器油泵作业准备情况检查表，见表 2-2-1。若已准备，请在方框里画上“√”；若有遗漏，请补充后画上“√”。

表 2-2-1　检测自动变速器油泵作业准备情况检查表

项目	内　　容
作业场地	带有消防设施的作业场地□
设备设施	2007 款宝来 1.6 L/AT 轿车□　工具车□　零件车□　吹气枪□　垃圾桶□ 举升机□
工具 / 辅具	套筒扳手组合套具□　刀口尺□　预置力式扭力扳手□　机油回收车□　塞尺□
耗材	清洁布□　泡沫清洁剂□　ATF □

微组织 1：老师检查纠错，学生改正错误。微评价：☆☆☆☆☆

步骤二　检测自动变速器油泵

1. 请观看老师示范检测过程，结合老师讲解查阅教材和观看相关视频。制订出检测自动变速器油泵工作计划，并填写在检测自动变速器油泵工作计划表中，见表 2-2-2。

表 2-2-2　检测自动变速器油泵工作计划表

工序	内　　容	工具 / 辅具
1		
2		
3		
4		
5		
6		
7		
8		
9		
10		
11		
12		
13		

续表

工序	内　　容	工具 / 辅具
14		
15		
16		
17		
18		
19		
20		

微组织 2：老师检查纠错，学生改正错误。微评价：☆☆☆☆☆

2. 请检测自动变速器油泵并总结操作过程中存在的问题，将问题填写在检测自动变速器油泵问题汇总简析表中，并对产生的原因进行简要分析，见表 2-2-3。

表 2-2-3　检测自动变速器油泵问题汇总简析表

序号	问　　题	简　　析
1		
2		
3		
4		
5		
6		
7		
8		
9		
10		

微组织 3：老师检查纠错，学生改正错误。微评价：☆☆☆☆☆

3. 请在图 2-2-1 中填入油泵密封环的作用。

图 2-2-1　油泵密封环的作用

微组织 4：老师检查纠错，学生改正错误。微评价：☆☆☆☆☆

步骤三　油泵齿轮的测量

1．请观看老师示范测量过程，结合老师讲解查阅教材和观看相关视频。通过学习制订出油泵齿轮测量工作计划，并填写在油泵齿轮的测量工作计划表中，见表 2-2-4。

表 2-2-4　油泵齿轮的测量工作计划表

工序	内　　容	工具 / 辅具
1		
2		
3		
4		
5		
6		
7		
8		
9		
10		
11		
12		
13		
14		
15		
16		
17		
18		
19		
20		

微组织 5：老师检查纠错，学生改正错误。微评价：☆☆☆☆☆

2．请在图 2-2-2 中填入油泵齿轮的测量要求。

图 2-2-2　油泵齿轮的测量要求

微组织 6：老师检查纠错，学生改正错误。微评价：☆☆☆☆☆

3．请完善表 2-2-5 检测自动变速器技术标准。

表 2-2-5　检测自动变速器技术标准

油泵导轮支架螺栓力矩	
油泵紧固螺栓力矩	

微组织 7：老师检查纠错，学生改正错误。微评价：☆☆☆☆☆

4．请在方格内写出自动变速器油泵检测技术要求。

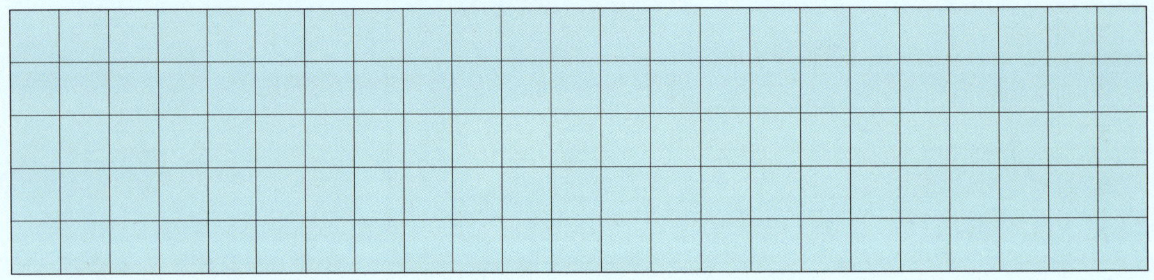

微组织 8：老师检查纠错，学生改正错误。微评价：☆☆☆☆☆

案例

案例：学徒工在测量油泵时，没有发现油泵的齿轮间隙已经过大。

一辆 2007 款宝来车出现自动变速器故障进店维修，学徒工小王在为该车自动变速器油泵做测量时，没有发现油泵齿轮的间隙已经超出标准值范围。导致汽车在行驶后出现主油压达不到标准压力，换挡冲击明显，变速器内部离合器片和制动器片磨损严重，挡位无法正常更换。

任务三　安装自动变速器油泵

步骤一　作业准备

请检查作业准备情况，根据检修作业要求做好作业准备，并将检查结果填入安装自动变速器油泵作业准备情况检查表，见表 2-3-1。若已准备，请在方框里画上“√”；若有遗漏，请补充后画上“√”。

表 2-3-1　安装自动变速器油泵作业准备情况检查表

项目	内　　容
作业场地	带有消防设施的作业场地□
设备设施	2007 款宝来 1.6 L/AT 轿车□　工具车□　零件车□　吹气枪□　垃圾桶□　举升机□
工具 / 辅具	套筒扳手组合套具□　台钳□　预置力式扭力扳手□　机油回收车□　内六角扳手□
耗材	清洁布□　泡沫清洁剂□　ATF □

微组织 1：老师检查纠错，学生改正错误。微评价：☆☆☆☆☆

步骤二　安装自动变速器油泵

1．请观看老师示范安装过程，结合老师讲解查阅教材和观看相关视频。制订出安装自动变速器油泵工作计划，并填写在安装自动变速器油泵工作计划表中，见表 2-3-2。

表 2-3-2　安装自动变速器油泵工作计划表

工序	内　　容	工具 / 辅具
1		
2		
3		
4		
5		
6		
7		
8		
9		
10		
11		
12		
13		

续表

工序	内　容	工具 / 辅具
14		
15		
16		
17		
18		
19		
20		

微组织 2：老师检查纠错，学生改正错误。微评价：☆☆☆☆☆

2. 请安装自动变速器油泵并总结操作过程中存在的问题，将问题填写在安装自动变速器油泵问题汇总简析表中，并对产生原因进行简要分析，见表 2-3-3。

表 2-3-3　安装自动变速器油泵问题汇总简析表

序号	问　题	简　析
1		
2		
3		
4		
5		
6		
7		
8		
9		
10		

微组织 3：老师检查纠错，学生改正错误。微评价：☆☆☆☆☆

3．请在图 2-3-1 中填入自动变速器液压系统组成及功用。

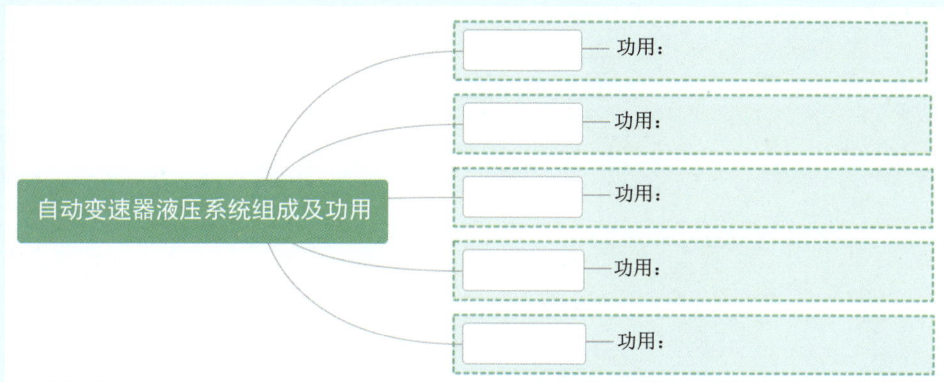

图 2-3-1　自动变速器液压系统组成及功用

微组织 4：老师检查纠错，学生改正错误。微评价：☆☆☆☆☆

4．请完善表 2-3-4 安装自动变速器技术标准。

表 2-3-4　安装自动变速器技术标准

油泵固定螺栓力矩	
油泵导轮支架螺栓	

微组织 5：老师检查纠错，学生改正错误。微评价：☆☆☆☆☆

5．请在方格内写出自动变速器油泵安装要求。

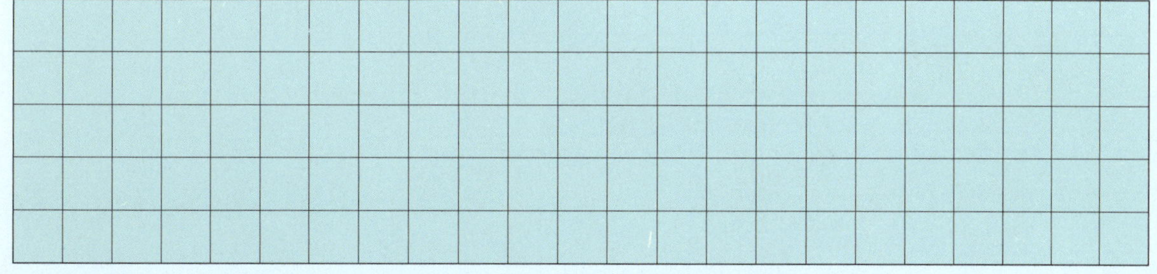

微组织 6：老师检查纠错，学生改正错误。微评价：☆☆☆☆☆

案例

案例：学徒工在安装油泵时，没有按照规定力矩安装油泵导轮支架螺栓。

一辆 2007 款宝来车出现自动变速器故障进店维修，学徒工小王在安装导轮支架螺栓时，为了省事没有按照规定力矩上紧螺栓，导致在油泵工作时出现松动的现象，出现油压泄漏，主油压压力下降，影响汽车的正常行驶。经维修后汽车恢复正常行驶。

笔记栏

项目三　检修液力变矩器

项目任务单

项目描述	完成 2007 款宝来 1.6 L/AT 轿车液力变矩器检修作业
项目要求	符合 2007 款宝来 1.6 L/AT 轿车行驶 6.5 万千米技术要求与标准，正确使用工具，完成如下检修作业： 1. 检测液力变矩器； 2. 失速试验
学习目标	1. 准确描述液力变矩器的基本组成和工作内容； 2. 准确描述检测液力变矩器的方法； 3. 准确描述失速试验的检测的方法； 4. 规范地对液力变矩器进行检测作业； 5. 规范地对汽车进行失速试验作业； 6. 养成自觉遵守技术标准和要求规定、规范操作、安全、环保、5S 作业的好习惯； 7. 增强责任担当、追求品质的劳动意识； 8. 认识到善于专研就是创新
项目载体	2007 款宝来 1.6 L/AT 轿车液力变矩器
计划学时	4 ～ 8 学时

<table>
<tr><td rowspan="2">工作页</td><td>上课地点</td><td></td><td>学生姓名</td><td></td><td>完成 / 未完成</td></tr>
<tr><td>任课老师</td><td></td><td>上课时间</td><td></td><td>优 / 良 / 中 / 及格</td></tr>
</table>

项目导入

现有一辆 2007 款宝来 1.6 L/AT 轿车，装有 01M 自动变速器，该车行驶里程为 6.5 万千米。驾驶员反映这辆车在行驶过程中不能提速，出现了只能以 50 km/h 的速度行驶、油耗增加的现象。经检查，售后服务顾问告知车主需要对本车液力变矩器进行检查并进行失速试验。

想一想

大家思考：车辆在行驶过程中不能提速可能有什么因素？把想到的原因用铅笔认真地写在下面方格内。

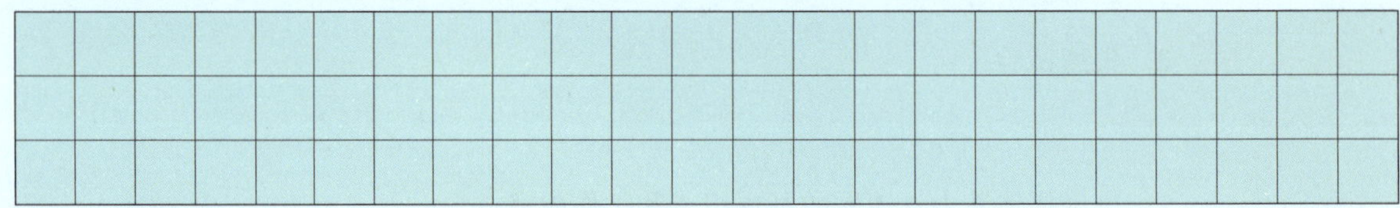

写一写

请查阅相关资料，在下图的空白处填上指示位置的名称。

微组织 1：老师检查纠错，学生改正错误。微评价：☆☆☆☆☆

安全教育与防护要求

请叙述检修液力变矩器的安全与防护要求，做好防护准备，同时进行自检和互检。若已完成，请在方框内用铅笔打“√”。

□ 工作服穿戴“四紧”；

□ 未佩戴手表、戒指、手链、项链等金属饰物；

□ 严禁摆弄与本任务无关的设备和工具；

□ 严禁在实训场地追逐、嬉戏、打闹。

微组织 2：老师检查纠错，学生改正错误。微评价：☆☆☆☆☆

项目实施

任务一　检测液力变矩器

步骤一　作业准备

请检查作业准备情况，根据检修作业要求做好作业准备，并将检查结果填入检测自动变速器作业准备情况检查表，见表 3-1-1。若已准备，请在方框里画上“√”；若有遗漏，请补充后画上“√”。

表 3-1-1　检测自动变速器作业准备情况检查表

项目	内　容
作业场地	带有消防设施的作业场地□
设备设施	液力变矩器□　工具车□　百分表□　吹气枪□　垃圾桶□　百分表支架□
工具 / 辅具	套筒扳手组合套具□　诊断仪□　预置力式扭力扳手□　机油回收车□　手电筒□
耗材	清洁布□　泡沫清洁剂□　ATF □

微组织 3：老师检查纠错，学生改正错误。微评价：☆☆☆☆☆

步骤二　检查液力变矩器外部

请观看老师示范检查过程，结合老师讲解查阅教材和观看相关视频。制订出检查液力变矩器工作计划，并填写在检查液力变矩器外部工作计划表中，见表 3-1-2。

表 3-1-2　检查液力变矩器外部工作计划表

工序	内　容	工具 / 辅具
1		
2		
3		
4		
5		
6		
7		
8		
9		
10		
11		
12		
13		

续表

工序	内　　容	工具 / 辅具
14		
15		
16		
17		
18		
19		
20		

微组织 4：老师检查纠错，学生改正错误。微评价：☆☆☆☆☆

步骤三　检测单向离合器

1. 请观看老师示范检测过程，结合老师讲解查阅教材和观看相关视频。通过学习制订出检测单向离合器工作计划，并填写在检测单向离合器工作计划表中，见表 3-1-3。

表 3-1-3　检测单向离合器工作计划表

工序	内　　容	工具 / 辅具
1		
2		
3		
4		
5		
6		
7		
8		
9		
10		
11		
12		
13		
14		
15		
16		

续表

工序	内　　容	工具 / 辅具
17		
18		

微组织 5：老师检查纠错，学生改正错误。微评价：☆☆☆☆☆

2. 请在图 3-1-1 中填入单向离合器的作用。

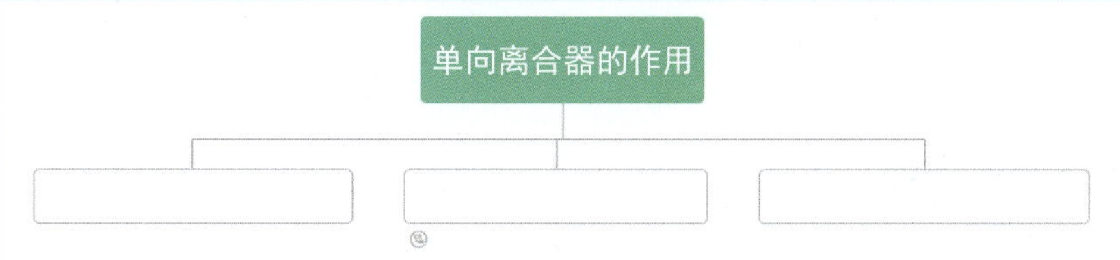

图 3-1-1　单向离合器的作用

微组织 6：老师检查纠错，学生改正错误。微评价：☆☆☆☆☆

步骤四　导轮和泵轮之间的干涉检查

请观看老师拆卸过程，结合老师讲解查阅教材和观看相关视频。通过学习制订出干涉检查工作计划，并填写在干涉检查工作计划表中，见表 3-1-4。

表 3-1-4　干涉检查工作计划表

工序	内　　容	工具 / 辅具
1		
2		
3		
4		
5		
6		
7		
8		
9		
10		
11		
12		
13		
14		

续表

工序	内　　容	工具 / 辅具
15		
16		
17		
18		
19		
20		

微组织 7：老师检查纠错，学生改正错误。微评价：☆☆☆☆☆

步骤五　测量涡轮

1．请观看老师示范测量过程，结合老师讲解查阅教材和观看相关视频。通过学习制订出测量涡轮工作计划，并填写在测量涡轮工作计划表中，见表 3-1-5。

表 3-1-5　测量涡轮工作计划表

工序	内　　容	工具 / 辅具
1		
2		
3		
4		
5		
6		
7		
8		
9		
10		

微组织 8：老师检查纠错，学生改正错误。微评价：☆☆☆☆☆

2．请在图 3-1-2 中填入涡轮的作用。

图 3-1-2　涡轮的作用

微组织 9：老师检查纠错，学生改正错误。微评价：☆☆☆☆☆

步骤六　液力变矩器轴套径向跳动的检查

1．请观看老师示范检查过程，结合老师讲解查阅教材和观看相关视频。通过学习制订轴套径向跳动检查工作计划，并填写在轴套径向跳动检查工作计划表中，见表 3-1-6。

表 3-1-6　轴套径向跳动检查工作计划表

工序	内　容	工具 / 辅具
1		
2		
3		
4		
5		
6		
7		
8		
9		
10		
11		
12		
13		
14		
15		
16		
17		
18		
19		
20		

微组织 10：老师检查纠错，学生改正错误。微评价：☆☆☆☆☆

2．请检查液力变矩器轴套径向跳动情况，并总结操作过程中存在的问题，填写在检测液力变矩器问题汇总简析图中，并对产生的原因进行简要分析，如图 3-1-3 所示。

图 3-1-3　检测液力变矩器问题汇总简析图

微组织 11：老师检查纠错，学生改正错误。微评价：☆☆☆☆☆

3．请在方格内写出检测液力变矩器的要求。

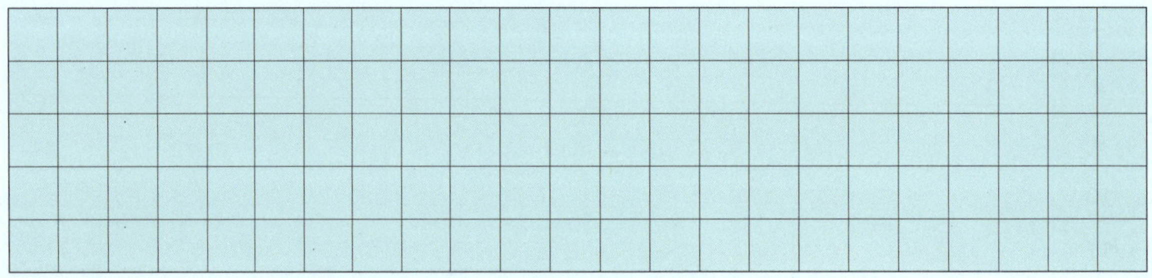

微组织 12：老师检查纠错，学生改正错误。微评价：☆☆☆☆☆

案例

案例：大修变速器之后，在中高速行驶中急剧改变车速时液力变矩器内发出剧烈的金属撞击声，严重时就像紧急制动使汽车立即停驶，重新起动后又可以正常行驶。

故障分析：一辆 2007 款宝来车出现自动变速器进水后进店维修，维修师傅在切割修理了液力变矩器后，没有考虑到安装间隙问题，导致安装后的液力变矩器泵轮及涡轮及导轮之间存在运动干涉且已经有磨损痕迹，影响了液力变矩器的正常使用。

故障排除：在更换新的液力变矩器后，故障现象消失。

任务二　失速试验

步骤一　作业准备

请检查作业准备情况，根据检修作业要求做好作业准备，并将检查结果填入失速试验作业准备情况检查表，见表 3-2-1。若已准备，请在方框里画上“√”；若有遗漏，请补充后画上“√”。

表 3-2-1　失速试验作业准备情况检查表

项目	内　容
作业场地	带有消防设施的作业场地□
设备设施	2007 款宝来 1.6 L/AT 轿车□　工具车□　零件车□　吹气枪□　车轮挡块□ 举升机□
工具 / 辅具	套筒扳手组合套具□　诊断仪□　预置力式扭力扳手□
耗材	清洁布□　泡沫清洁剂□　ATF □

微组织 1：老师检查纠错，学生改正错误。微评价：☆☆☆☆☆

步骤二　失速试验操作

1. 请观看老师示范试验过程，结合老师讲解查阅教材和观看相关视频。制订出失速试验工作计划，并填写在失速试验工作计划表中，见表 3-2-2。

表 3-2-2　失速试验工作计划表

工序	内　容	工具 / 辅具
1		
2		
3		
4		
5		
6		
7		
8		
9		
10		
11		
12		
13		
14		

续表

工序	内　容	工具 / 辅具
15		
16		
17		
18		
19		
20		

微组织 2：老师检查纠错，学生改正错误。微评价：☆☆☆☆☆

2. 请进行失速试验并总结操作过程中存在的问题，将问题填写在失速试验问题汇总简析表中，并进行简要分析，见表 3-2-3。

表 3-2-3　失速试验问题汇总简析表

序号	问　题	简　析
1		
2		
3		
4		
5		
6		
7		
8		
9		
10		

微组织 3：老师检查纠错，学生改正错误。微评价：☆☆☆☆☆

3. 请在图 3-2-1 内写出液力变矩器导轮的工作原理。

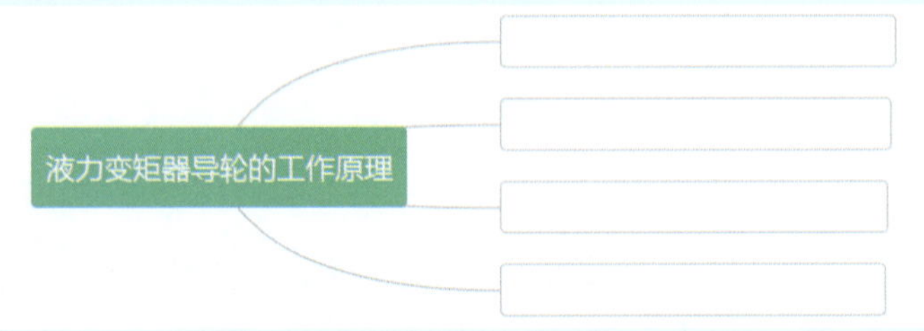

图 3-2-1　液力变矩器导轮的工作原理

微组织 4：老师检查纠错，学生改正错误。微评价：☆☆☆☆☆

案例

案例：车辆出现在 30~50 km/h 以下加速不良、车速上升缓慢，过了低速区后加速良好的故障。

一辆 2007 款宝来车出现上述故障进入 4S 店维修，维修师傅将 4 个车轮用三角木或砖头塞住，拉紧驻车制动杆，踩住脚制动踏板，用眼睛盯住发动机转速表，将加速踏板完全踩到底，如果发动机的失速转速明显低于规定值，说明液力变矩器内支撑导轮的单向离合器打滑。

故障分析：液力变矩器低速增扭，靠的是导轮改变液流方向，变矩器内支撑导轮的单向离合器打滑后，导轮没有了单向离合器的支撑，在增扭工况时无法改变液流的方向。这样经导轮返回的液流流向和泵轮旋转方向相反，发动机需要克服反向液流带来的附加载荷，于是液力变矩器变成了液力偶合器，低速增扭变成了低速降扭，所以汽车在低速区（变矩器增加扭矩工况区域）加速不良。

故障排除：更换液力变矩器中的单向离合器。

笔记栏

项目四　拆装与清洗自动变速器阀体

项目任务单

<table>
<tr><td>项目描述</td><td>完成清洗检查 2007 款宝来 1.6 L/AT 轿车 01M 自动变速器阀体作业</td></tr>
<tr><td>项目要求</td><td>符合 2007 款宝来 1.6 L/AT 轿车自动变速器的保养技术要求与标准，正确使用工具，完成如下检修作业：
1. 拆卸自动变速器滑阀箱；
2. 清洗自动变速器滑阀箱；
3. 安装自动变速器滑阀箱</td></tr>
<tr><td>学习目标</td><td>1. 准确描述自动变速器滑阀箱的基本组成、类型和优缺点；
2. 准确描述自动变速器滑阀箱的拆卸方法；
3. 准确描述自动变速器滑阀箱的清洗方法；
4. 准确描述自动变速器滑阀箱的安装方法；
5. 规范地对自动变速器滑阀箱进行拆卸作业；
6. 规范地对自动变速器滑阀箱进行进行清洗作业；
7. 规范地对自动变速器滑阀箱进行安装作业；
8. 养成自觉遵守技术标准和要求规定、规范操作、安全、环保、5S 作业的好习惯；
9. 培养爱岗敬业意识，提高职业道德水平；
10. 认识到学会总结就是创新</td></tr>
<tr><td>项目载体</td><td> 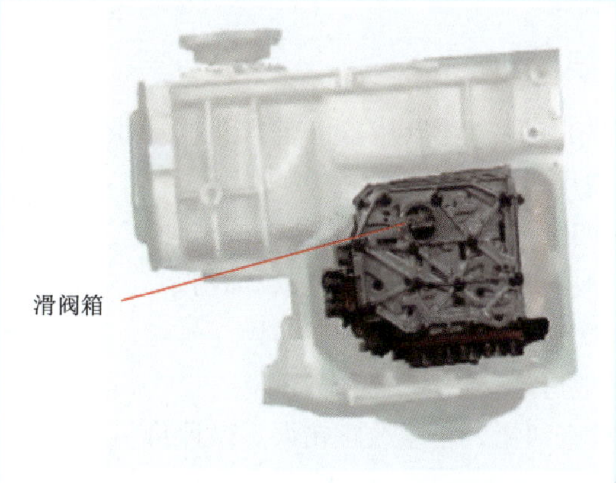滑阀箱
2007 款宝来 1.6 L/AT 轿车 01M 自动变速器滑阀箱</td></tr>
<tr><td>计划学时</td><td>4～6 学时</td></tr>
</table>

<table>
<tr><td rowspan="2">工作页</td><td>上课地点</td><td></td><td>学生姓名</td><td></td><td>完成 / 未完成</td></tr>
<tr><td>任课老师</td><td></td><td>上课时间</td><td></td><td>优 / 良 / 中 / 及格</td></tr>
</table>

项目导入

2007 款宝来 1.6 L/AT 轿车 01M 自动变速器挂入前进挡时，车辆来回窜动，车子发沉。经检查，售后服务顾问告知车主需要对本车的自动变速器滑阀箱进行检查。

想一想

大家思考：自动变速器挂入前进挡时，车辆来回窜动，车子发沉可能有什么因素？

写一写

请查阅相关资料，在下图的空白处填上指示位置的名称。

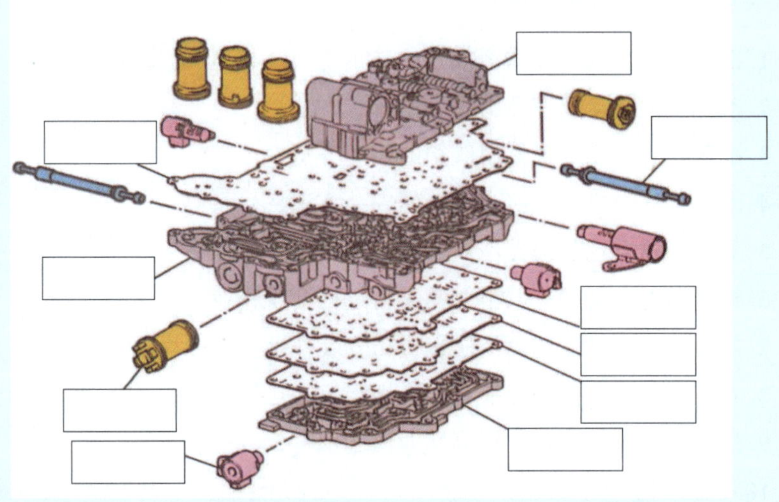

微组织 1：老师检查纠错，学生改正错误。微评价：☆☆☆☆☆

安全教育与防护要求

请叙述拆装与清洗自动变速器阀体的安全与防护要求，做好防护准备，同时进行自检和互检。若已完成，请在方框内用铅笔打“√”。

☐ 工作服穿戴“四紧”；

☐ 未佩戴手表、戒指、手链、项链等金属饰物；

☐ 严禁摆弄与本次任务无关的设备和工具；

☐ 严禁在实训场地追逐、嬉戏、打闹。

微组织 2：老师检查纠错，学生改正错误。微评价：☆☆☆☆☆

项目实施

任务一　拆卸自动变速器滑阀箱

步骤一　作业准备

请检查作业准备情况，根据检修作业要求做好作业准备，并将检查结果填入拆卸自动变速器滑阀箱作业准备情况检查表，见表 4-1-1。若已准备，请在方框里画上“√”；若有遗漏，请补充后画上“√”。

表 4-1-1　拆卸自动变速器滑阀箱准备情况检查表

项目	内　容
作业场地	带有消防设施的作业场地□
设备设施	2007 款宝来 1.6 L/AT 轿车□　工具车□　零件车□　吹气枪□　垃圾桶□　举升机□
工具 / 辅具	套筒扳手组合套具□　台钳□　电磁阀拆卸专用工具□
耗材	清洁布□　泡沫清洁剂□　ATF □

微组织 3：老师检查纠错，学生改正错误。微评价：☆☆☆☆☆

步骤二　拆卸自动变速器滑阀箱

1. 请观看老师示范拆卸过程，结合老师讲解查阅教材和观看相关视频。制订出拆卸自动变速器滑阀箱工作计划，并填写在拆卸自动变速器滑阀箱工作计划表中，见表 4-1-2。

表 4-1-2　拆卸自动变速器滑阀箱工作计划表

工序	内　容	工具 / 辅具
1		
2		
3		
4		
5		
6		
7		
8		
9		
10		
11		
12		

续表

工序	内　　容	工具 / 辅具
13		
14		
15		
16		
17		
18		
19		
20		

微组织 4：老师检查纠错，学生改正错误。微评价：☆☆☆☆☆

2．请拆卸自动变速器滑阀箱并总结操作过程中存在的问题，将问题填写在拆卸自动变速器滑阀箱问题汇总简析表，并对产生的原因进行简要分析，见表 4-1-3。

表 4-1-3　拆卸自动变速器滑阀箱问题汇总简析表

序号	问　　题	简　　析
1		
2		
3		
4		
5		
6		
7		
8		
9		
10		

微组织 5：老师检查纠错，学生改正错误。微评价：☆☆☆☆☆

3. 请在图 4-1-1 中填入主调压阀工作原理。

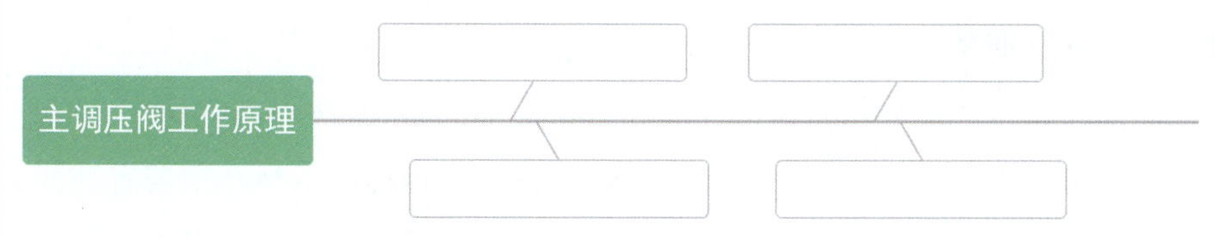

图 4-1-1　主调压阀工作原理

微组织 6：老师检查纠错，学生改正错误。微评价：☆☆☆☆☆

4. 请在方格内写出拆卸滑阀箱的要求。

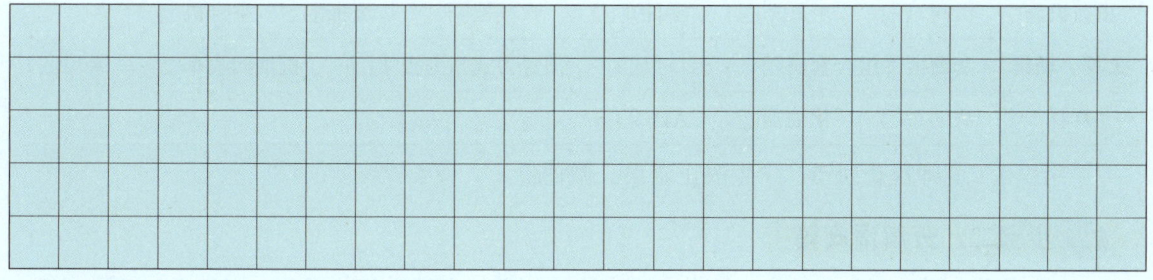

微组织 7：老师检查纠错，学生改正错误。微评价：☆☆☆☆☆

案例

案例：汽车在变速器大修后出现 D 挡位无法正常行驶。

一辆 2007 款宝来车在进行变速器大修后正常行驶了几天，但是突然出现 D 挡位无法正常行驶，R 挡位正常。进店通过诊断仪检查后，发现前进挡电磁阀无信号。拆下油底壳后发现前进挡位电磁阀线束松动。故障原因可能是在上次维修时电磁阀线束没有插牢固，在汽车行驶的过程中，受到颠簸后线束插头脱落导致的故障现象。

故障排除：连接线束，检查其他线束是否松动，进行试车。

任务二　分解与清洗滑阀箱

步骤一　作业准备

请检查作业准备情况，根据检修作业要求做好作业准备，并将检查结果填入检测自动变速器油泵作业准备情况检查表，见表 4-2-1。若已准备，请在方框里画上“√”；若有遗漏，请补充后画上“√”。

表 4-2-1　检测自动变速器油泵作业准备情况检查表

项　目	内　容
作业场地	带有消防设施的作业场地□
设备设施	滑阀箱□　工具车□　零件车□　吹气枪□　垃圾桶□　举升机□
工具 / 辅具	套筒扳手组合套具□　刀口尺□　预置力式扭力扳手□　机油回收车□　塞尺□
耗材	清洁布□　化油器□　ATF □

微组织 1：老师检查纠错，学生改正错误。微评价：☆☆☆☆☆

步骤二　分解滑阀箱

1. 请观看老师示范分解过程，结合老师讲解查阅教材和观看相关视频。制订出分解滑阀箱工作计划，并填写在分解滑阀箱工作计划表中，见表 4-2-2。

表 4-2-2　分解滑阀箱工作计划表

工序	内　容	工具 / 辅具
1		
2		
3		
4		
5		
6		
7		
8		
9		
10		
11		
12		
13		
14		

续表

工序	内　　容	工具 / 辅具
15		
16		
17		
18		
19		
20		

微组织 2：老师检查纠错，学生改正错误。微评价：☆☆☆☆☆

2. 请分解滑阀箱并总结操作过程中存在的问题，将问题填写在分解滑阀箱问题汇总简析表中，并对产生原因进行简要分析，见表 4-2-3。

表 4-2-3　分解滑阀箱问题汇总简析表

序号	问　　题	简　　析
1		
2		
3		
4		
5		
6		
7		
8		
9		
10		

微组织 3：老师检查纠错，学生改正错误。微评价：☆☆☆☆☆

3．请在图 4-2-1 中填入节气门阀的作用。

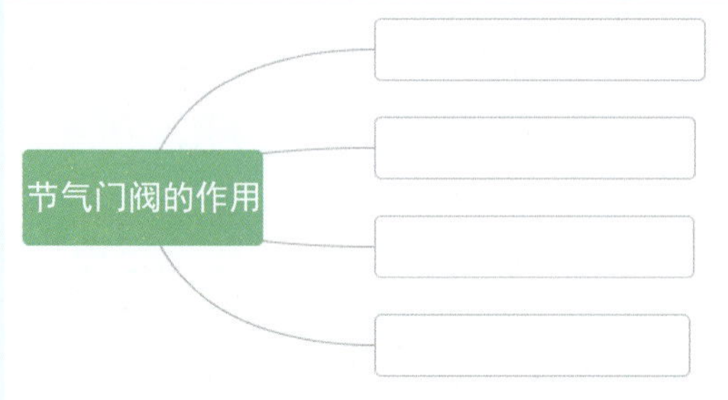

图 4-2-1　节气门阀的作用

微组织 4：老师检查纠错，学生改正错误。微评价：☆☆☆☆☆

步骤三　拆卸滑阀箱阀芯

1．请观看老师示范拆卸过程，结合老师讲解查阅教材和观看相关视频。通过学习制订出拆卸滑阀箱阀芯工作计划，并填写在拆卸滑阀箱阀芯工作计划表中，见表 4-2-4。

表 4-2-4　拆卸滑阀箱阀芯工作计划表

工序	内　　容	工具 / 辅具
1		
2		
3		
4		
5		
6		
7		
8		
9		
10		
11		
12		
13		
14		
15		
16		
17		

续表

工序	内　　容	工具 / 辅具
18		
19		
20		

微组织 5：老师检查纠错，学生改正错误。微评价：☆☆☆☆☆

2．填入手动阀工作原理，如图 4-2-2 所示。

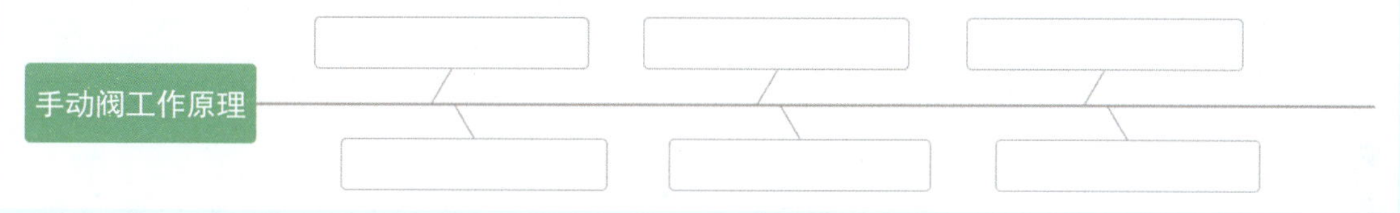

图 4-2-2　测量要求

微组织 6：老师检查纠错，学生改正错误。微评价：☆☆☆☆☆

3．请实施拆卸并总结操作过程中存在的问题，将问题填写在拆卸滑阀箱阀芯问题汇总简析表中，并对产生的原因进行简要分析，见表 4-2-5。

表 4-2-5　拆卸滑阀箱阀芯问题汇总简析表

序号	问　　题	简　　析
1		
2		
3		
4		
5		
6		
7		
8		
9		

微组织 7：老师检查纠错，学生改正错误。微评价：☆☆☆☆☆

步骤四　清洗并安装滑阀箱阀芯

1. 请观看老师示范清洗和安装过程，结合老师讲解查阅教材和观看相关视频。通过学习制订出清洗并安装滑阀箱阀芯工作计划，并填写在清洗并安装滑阀箱阀芯工作计划表中，见表 4-2-6。

表 4-2-6　清洗并安装滑阀箱阀芯工作计划表

工序	内　　容	工具 / 辅具
1		
2		
3		
4		
5		
6		
7		
8		
9		
10		
11		
12		
13		
14		
15		
16		
17		
18		
19		
20		

微组织 8：老师检查纠错，学生改正错误。微评价：☆☆☆☆☆

2. 填入锁止离合器阀工作原理，如图 4-2-3 所示。

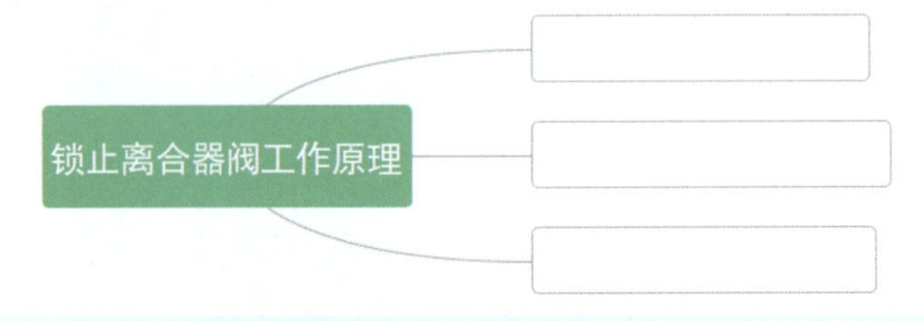

图 4-2-3　锁止离合器阀工作原理

微组织 9：老师检查纠错，学生改正错误。微评价：☆☆☆☆☆

3．请实施清洗与安装，并总结操作过程中存在的问题，将问题填写在清洗并安装滑阀箱阀芯问题汇总简析表中，并对产生原因进行简要分析，见表 4-2-7。

表 4-2-7　清洗并安装滑阀箱阀芯问题汇总简析表

序号	问　　题	简　　析
1		
2		
3		
4		
5		
6		
7		
8		

微组织 10：老师检查纠错，学生改正错误。微评价：☆☆☆☆☆

4．请在方格内写出分解与清洗滑阀箱检测技术要求。

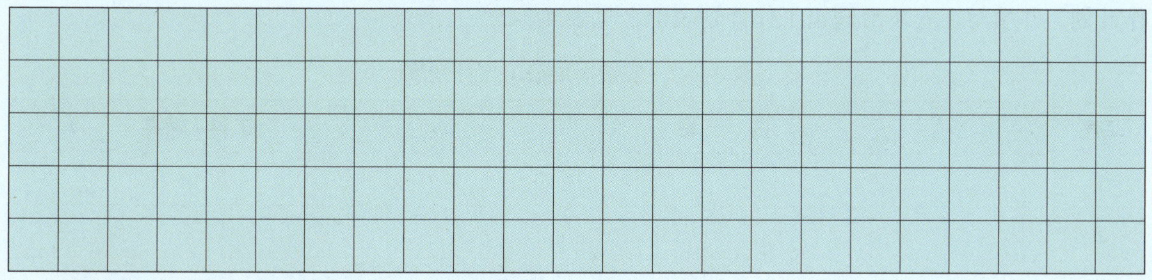

微组织 11：老师检查纠错，学生改正错误。微评价：☆☆☆☆☆

案例

案例一：维修师傅在清洗滑阀箱后，由于粗心大意把两个阀体互相按错位置。

故障分析：一辆 2007 款宝来车在进行变速器大修，维修师傅在清洗滑阀箱后，把两个阀体的位置记反了，导致汽车在行驶过程中自动变速器的主油压过高，汽车在换挡时有明显的顿挫感，换挡冲击严重，影响汽车的正常使用。

故障排除：在换回两个阀体后，变速器的主油压正常，汽车能够正常行驶。

案例二：在电动汽车行驶过程中，变速杆自动跳回空挡。

一辆新能源汽车在行驶的过程中，突然出现变速器挡杆跳回空挡，出现了跳挡现象。

故障分析：变速器内部滑动齿轮脱离啮合位置，即为跳挡。故障原因可能为换挡叉轴定位球弹簧过软；换挡叉轴定位球槽磨损严重；花键在旋转方向上间隙过大；换挡叉磨损严重。

故障排除：更换换挡轴；更换花键；更换挡叉。

任务三　安装自动变速器滑阀箱

步骤一　作业准备

请检查作业准备情况，根据检修作业要求做好作业准备，并将检查结果填入安装自动变速器油泵作业准备情况检查表，见表 4-3-1。若已准备，请在方框里画上“√”；若有遗漏，请补充后画上“√”。

表 4-3-1　安装自动变速器油泵作业准备情况检查表

项目	内　容
作业场地	带有消防设施的作业场地□
设备设施	滑阀箱□　工具车□　零件车□　吹气枪□　垃圾桶□　举升机□
工具 / 辅具	套筒扳手组合套具□　台钳□　电磁阀拆卸专用工具□　机油回收车□　内六角扳手□
耗材	清洁布□　化油器□　ATF □

微组织 1：老师检查纠错，学生改正错误。微评价：☆☆☆☆☆

步骤二　安装滑阀箱

1. 请观看老师示范安装过程，结合老师讲解查阅教材和观看相关视频。制订出安装滑阀箱工作计划，并填写在安装滑阀箱工作计划表中，见表 4-3-2。

表 4-3-2　安装滑阀箱工作计划表

工序	内　容	工具 / 辅具
1		
2		
3		
4		
5		
6		
7		
8		
9		
10		
11		
12		
13		
14		

续表

工序	内　　容	工具 / 辅具
15		
16		
17		
18		
19		
20		

微组织 2：老师检查纠错，学生改正错误。微评价：☆☆☆☆☆

2. 请安装滑阀箱并总结操作过程中存在的问题，将问题填写在安装滑阀箱问题汇总简析表，并对产生原因进行简要分析，见表 4-3-3。

表 4-3-3　安装滑阀箱问题汇总简析表

序号	问　　题	简　　析
1		
2		
3		
4		
5		
6		
7		
8		
9		
10		

微组织 3：老师检查纠错，学生改正错误。微评价：☆☆☆☆☆

3. 请在图 4-3-1 中填入自动变速器液压系统操纵形式。

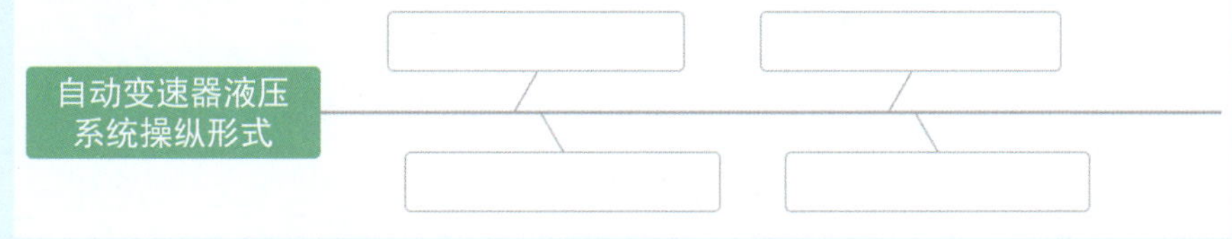

图 4-3-1　自动变速器液压系统操纵形式

微组织 4：老师检查纠错，学生改正错误。微评价：☆☆☆☆☆

4．请在方格内写出滑阀箱安装要求。

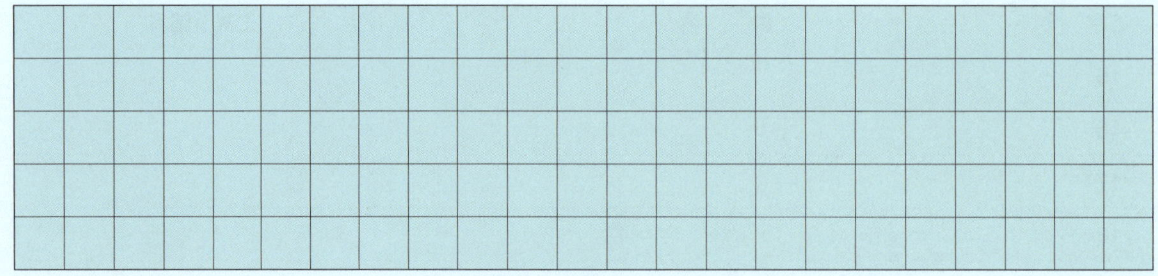

微组织 5：老师检查纠错，学生改正错误。微评价：☆☆☆☆☆

案例

案例：车辆在 D 挡从一挡升二挡时车身耸动、换挡冲击大，其他挡位正常。

一辆 2007 款宝来车挂 D 挡时，起步加速时一挡升二挡过程中车身耸动、换挡冲击大，且每次从 D 挡起步时均有此现象发生，3、4、5 挡之间换挡过程均正常。

故障分析：经过维修人员的分析，怀疑是滑阀箱中电磁阀出现问题。进一步拆检电磁阀相连的机械阀，发现机械阀的弹簧断成两段，并且弹簧并非原厂弹簧，询问车主得知之前清洗过滑阀箱。机械阀弹簧断成两段后总弹簧力小于原来值，在 N283 电磁阀通占空比信号后机械阀弹簧不能迅速推动机械阀移动进行油道切换（迟滞现象），导致制动器的活塞不能迅速移动，结合迟缓，造成 1 挡升 2 挡时车身耸动，换挡冲击大。

故障排除：清洗滑阀箱，更换损坏零件。

项目五　分解检查自动变速器

项目任务单

项目描述	完成2007款宝来1.6 L/AT轿车01M自动变速器大修作业
项目要求	符合2007款宝来1.6 L/AT轿车自动变速器的大修技术要求与标准，正确使用工具，完成如下维修作业： 1．分解自动变速器； 2．分解检查自动变速器离合器和制动器； 3．安装与调整自动变速器
学习目标	1．准确描述自动变速器传动的基本原理； 2．准确描述自动变速器执行元件的工作原理； 3．准确描述自动变速器间隙调整方法； 4．规范地对自动变速器进行分解与检查作业； 5．规范地对自动变速器进行安装与调整作业； 6. 养成自觉遵守技术标准和要求规定、规范操作、安全、环保、5S作业的好习惯； 7．培养求真务实、精益求精的劳动品格； 8．认识到善于积累就是创新
项目载体	2007款宝来1.6 L/AT轿车01M自动变速器
计划学时	4～6学时

<table>
<tr><td rowspan="2">工作页</td><td>上课地点</td><td></td><td>学生姓名</td><td></td><td>完成 / 未完成</td></tr>
<tr><td>任课老师</td><td></td><td>上课时间</td><td></td><td>优 / 良 / 中 / 及格</td></tr>
</table>

项目导入

现有一辆 2007 款宝来 1.6 L/AT 轿车来到服务站，行驶里程为 8.4 万千米。该车驾驶员反映车辆在行驶过程中发动机加不上速，车辆行驶速度慢，在上坡时车辆有时无法起步。经检查售后服务顾问告知车主需要对本车进行自动变速器大修作业。

想一想

大家思考：行车时挡位挂入不畅可能有什么因素?

写一写

请查阅相关资料，在下图的空白处填上指示位置的名称。

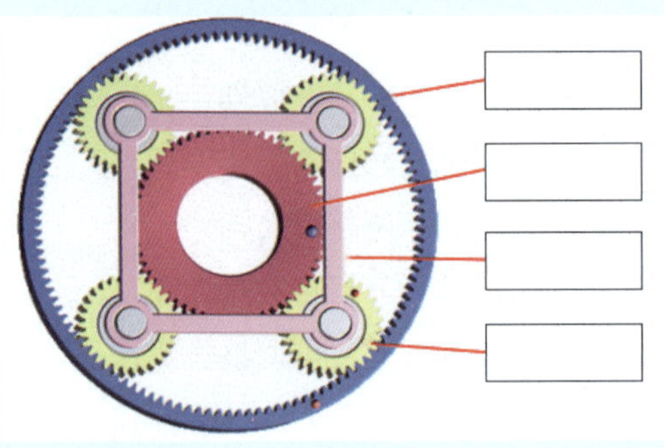

微组织 1：老师检查纠错，学生改正错误。微评价：☆☆☆☆☆

安全教育与防护要求

请叙述分解检查自动变速器油泵安全与防护要求，做好防护准备，同时进行自检和互检。若已完成，请在方框内用铅笔打“√”。

□ 工作服穿戴“四紧”；

□ 未佩戴手表、戒指、手链、项链等金属饰物；

□ 严禁摆弄与本任务无关的设备和工具；

□ 严禁在实训场地追逐、嬉戏、打闹。

微组织 2：老师检查纠错，学生改正错误。微评价：☆☆☆☆☆

项目实施

任务一　分解自动变速器

步骤一　作业准备

请检查作业准备情况，根据检修作业要求做好作业准备，并将检查结果填入分解自动变速器作业准备情况检查表，见表 5-1-1。若已准备，请在方框里画上“√”；若有遗漏，请补充后画上“√”。

表 5-1-1　分解自动变速器作业准备情况检查表

项目	内　　容
作业场地	带有消防设施的作业场地□
设备设施	01M 自动变速器□　工具车□　零件车□　吹气枪□　垃圾桶□　举升机□
工具 / 辅具	套筒扳手组合套具□　台钳□　预置力式扭力扳手□　机油回收车□　手电筒□
耗材	清洁布□　泡沫清洁剂□　ATF □

微组织 3：老师检查纠错，学生改正错误。微评价：☆☆☆☆☆

步骤二　拆卸自动变速器壳体外附件

1. 请观看老师示范拆卸过程，结合老师讲解查阅教材和观看相关视频。制订出拆卸自动变速器附件工作计划，并填写在拆卸自动变速器附件工作计划表中，见表 5-1-2。

表 5-1-2　拆卸自动变速器附件工作计划表

工序	内　　容	工具 / 辅具
1		
2		
3		
4		
5		
6		
7		
8		
9		
10		
11		
12		
13		

续表

工序	内　容	工具 / 辅具
14		
15		
16		
17		
18		
19		
20		

微组织 4：老师检查纠错，学生改正错误。微评价：☆☆☆☆☆

2. 请拆卸自动变速器附件并总结操作过程中存在的问题，将问题填写在拆卸自动变速器附件问题汇总简析表，并对产生的原因进行简要分析，见表 5-1-3。

表 5-1-3　拆卸自动变速器附件问题汇总简析表

序号	问　题	简　析
1		
2		
3		
4		
5		
6		
7		
8		
9		
10		

微组织 5：老师检查纠错，学生改正错误。微评价：☆☆☆☆☆

3．根据行星齿轮的传动规律填写表 5-1-4。

表 5-1-4　行星齿轮的传动规律

不同组合情况下的传动方式				
固定件	主动件	从动件	传动效果	旋转方向
太阳轮	内齿圈	行星架		
	行星架	内齿圈		
内齿圈	太阳轮	行星架		
	行星架	太阳轮		
行星架	太阳轮	内齿圈		
	内齿圈	太阳轮		
任意两个元件连接成一体（直接挡）				

微组织 6：老师检查纠错，学生改正错误。微评价：☆☆☆☆☆

步骤三　拆卸自动变速器

1．请观看老师示范拆卸过程，结合老师讲解查阅教材和观看相关视频。通过学习制订出拆卸自动变速器工作计划，并填写在拆卸自动变速器工作计划表中，见表 5-1-5。

表 5-1-5　拆卸自动变速器工作计划表

工序	内　　容	工具 / 辅具
1		
2		
3		
4		
5		
6		
7		
8		
9		
10		
11		
12		
13		
14		

续表

工序	内　　容	工具 / 辅具
15		
16		
17		
18		
19		
20		

微组织 7：老师检查纠错，学生改正错误。微评价：☆☆☆☆☆

2. 把正确答案填入图 5-1-1 的方框内。

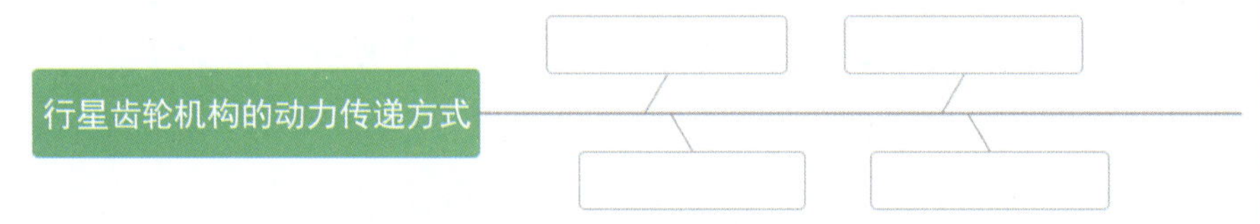

图 5-1-1　行星齿轮机构的动力传递方式

微组织 8：老师检查纠错，学生改正错误。微评价：☆☆☆☆☆

3. 请在方格内写出分解自动变速器的要求。

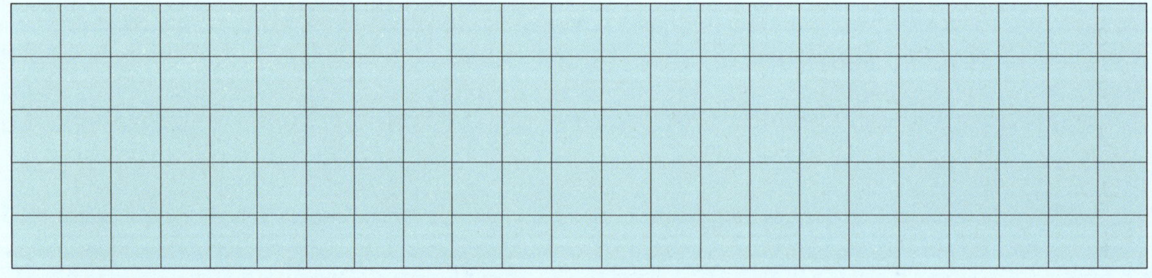

微组织 9：老师检查纠错，学生改正错误。微评价：☆☆☆☆☆

案例

案例：一辆轿车行驶中没有任何征兆的情况下突然停驶，维修人员检查后，踩了两次加速踏板，轿车又能行驶了，而且随后行驶正常，但放了一夜后轿车又无法行驶。

故障分析：自动变速器必须按规定里程定期换油，离合器或制动器发生烧蚀后必须彻底清洗整个变速器系统。如果变速器油严重氧化或过脏，控制阀内的滑阀就容易发生卡滞。而主调压阀卡滞在泄油一侧，没有主油压，变速器就没有挡，汽车在行驶中没有任何征兆的情况下，就会突然停驶。急加速后，在油液冲击下，导致主调压阀卡滞的杂质被冲走，主调压阀工作暂时恢复正常，汽车可正常行驶。由于并没有清洗变速器，严重氧化的油和杂质依然存在，放了一夜后，主调压阀有可能再次卡滞在泄油一侧，轿车又无法行驶。

故障排除：彻底清洗整个变速器系统，重新换油后，故障即可排除。

任务二　分解检查自动变速器离合器和制动器

步骤一　作业准备

请检查作业准备情况，根据检修作业要求做好作业准备，并将检查结果填入检测自动变速器离合器和制动器作业准备情况检查表，见表 5-2-1。若已准备，请在方框里画上“√”；若有遗漏，请补充后画上“√”。

表 5-2-1　检测自动变速器离合器和制动器作业准备情况检查表

项目	内　容
作业场地	带有消防设施的作业场地□
设备设施	01M 自动变速器□　工具车□　零件车□　吹气枪□　垃圾桶□　举升机□
工具 / 辅具	套筒扳手组合套具□　离合器分离专用工具□　预置力式扭力扳手□　油盘□　塞尺□
耗材	清洁布□　泡沫清洁剂□　ATF □

微组织 1：老师检查纠错，学生改正错误。微评价：☆☆☆☆☆

步骤二　检测 B2 制动器

1. 请观看老师示范检查过程，结合老师讲解查阅教材和观看相关视频。制订出检测自动变速器 B2 制动器工作计划，并填写在检测自动变速器 B2 制动器工作计划表中，见表 5-2-2。

表 5-2-2　检测自动变速器 B2 制动器工作计划表

工序	内　容	工具 / 辅具
1		
2		
3		
4		
5		
6		
7		
8		
9		
10		
11		
12		
13		

续表

工序	内　容	工具 / 辅具
14		
15		
16		
17		
18		
19		
20		

微组织 2：老师检查纠错，学生改正错误。微评价：☆☆☆☆☆

2. 请检测自动变速器 B2 制动器并总结操作过程中存在的问题，将问题填写在检测自动变速器 B2 制动器问题汇总简析表，并对产生的原因进行简要分析，见表 5-2-3。

表 5-2-3　检测自动变速器 B2 制动器问题汇总简析表

序号	问　题	简　析
1		
2		
3		
4		
5		
6		
7		
8		
9		
10		

微组织 3：老师检查纠错，学生改正错误。微评价：☆☆☆☆☆

3．请在图 5-2-1 中填入正确答案。

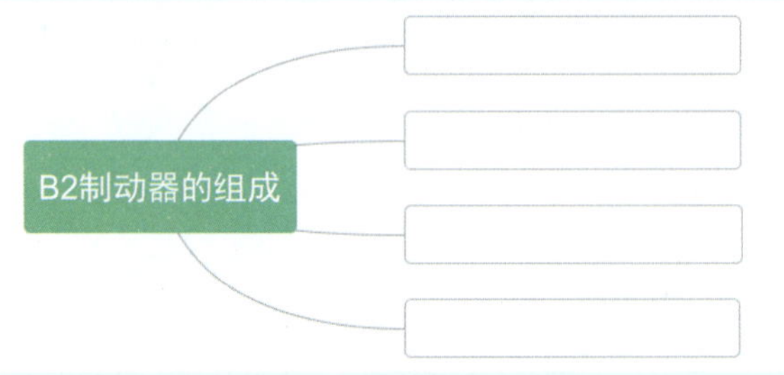

图 5-2-1　B2 制动器的组成

微组织 4：老师检查纠错，学生改正错误。微评价：☆☆☆☆☆

步骤三　检测 B1 制动器

1．请观看老师示范检测过程，结合老师讲解查阅教材和观看相关视频。制订出检测自动变速器 B1 制动器工作计划，并填写在检查自动变速器 B1 制动器工作计划表中，见表 5-2-4。

表 5-2-4　检测自动变速器 B1 制动器工作计划表

工序	内　　容	工具 / 辅具
1		
2		
3		
4		
5		
6		
7		
8		
9		
10		
11		
12		
13		
14		
15		
16		
17		
18		
19		
20		

微组织 5：老师检查纠错，学生改正错误。微评价：☆☆☆☆☆

2．请检查 B1 制动器并总结操作过程中存在的问题，将问题填写在检查自动变速器 B1 制动器问题汇总简析表，并对产生的原因进行简要分析，见表 5-2-5。

表 5-2-5　检查自动变速器 B1 制动器问题汇总简析表

序号	问　题	简　析
1		
2		
3		
4		
5		
6		
7		
8		
9		
10		

微组织 6：老师检查纠错，学生改正错误。微评价：☆☆☆☆☆

3．请在图 5-2-2 填入正确答案。

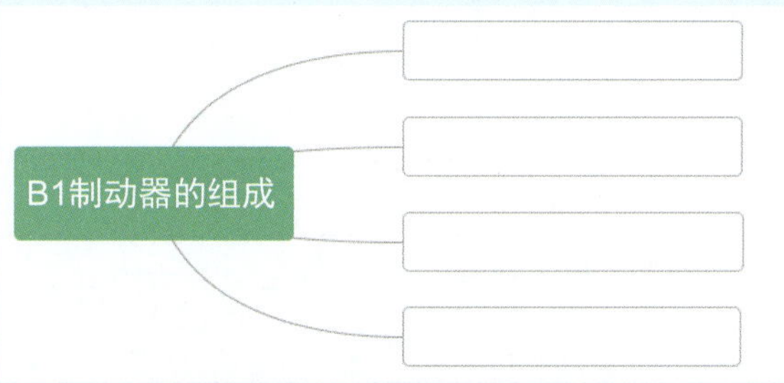

图 5-2-2　B1 制动器的组成

微组织 7：老师检查纠错，学生改正错误。微评价：☆☆☆☆☆

步骤四　分解检查 K2（倒挡）离合器

1．请观看老师示范分解检查过程，结合老师讲解查阅教材和观看相关视频。通过学习制订工作计划，并填写在分解检查自动变速器 K2 离合器工作计划表中，见表 5-2-6。

表 5-2-6　分解检查自动变速器 K2 离合器工作计划表

工序	内　容	工具 / 辅具
1		
2		

续表

工序	内　容	工具 / 辅具
3		
4		
5		
6		
7		
8		
9		
10		
11		
12		
13		
14		
15		
16		
17		
18		
19		
20		

微组织 8：老师检查纠错，学生改正错误。微评价：☆☆☆☆☆

2. 请分解检查 K2（倒挡）离合器并总结操作过程中存在的问题，将问题填写在分解检查自动变速器 K2 离合器工作计划表问题汇总简析表，并对产生的原因进行简要分析，见表 5-2-7。

表 5-2-7　分解检查自动变速器 K2 离合器工作计划表问题汇总简析表

序号	问　题	简　析
1		
2		
3		
4		
5		
6		

续表

序号	问　题	简　析
7		
8		
9		
10		

微组织 9：老师检查纠错，学生改正错误。微评价：☆☆☆☆☆

3. 请在图 5-2-3 中填入正确答案。

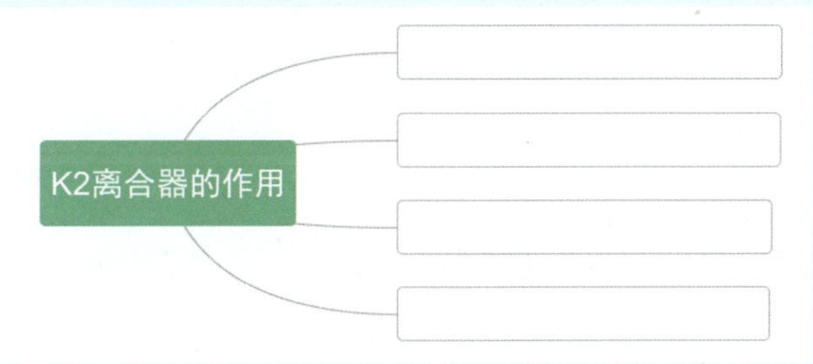

图 5-2-3　K2 离合器的作用

微组织 10：老师检查纠错，学生改正错误。微评价：☆☆☆☆☆

步骤五　分解检查 K1、K3 离合器

1. 请观看老师示范分解检查过程，结合老师讲解查阅教材和观看相关视频。通过学习制订工作计划，并填写在分解检查自动变速器 K1、K3 离合器工作计划表中，见表 5-2-8。

表 5-2-8　分解检查自动变速器 K1、K3 离合器工作计划表

工序	内　容	工具 / 辅具
1		
2		
3		
4		
5		
6		
7		
8		
9		
10		

续表

工序	内　容	工具 / 辅具
11		
12		
13		
14		
15		
16		
17		
18		
19		
20		

微组织 11：老师检查纠错，学生改正错误。微评价：☆☆☆☆☆

2. 请分解检查 K1、K3 离合器并总结操作过程中存在的问题，将问题填写在分解检查自动变速器 K1、K3 离合器工作计划表问题汇总简析表，并对产生的原因进行简要分析，见表 5-2-9。

表 5-2-9　分解检查自动变速器 K1、K3 离合器工作计划表问题汇总简析表

序号	问　题	简　析
1		
2		
3		
4		
5		
6		
7		
8		
9		
10		

微组织 12：老师检查纠错，学生改正错误。微评价：☆☆☆☆☆

3．在图 5-2-4 填入正确答案。

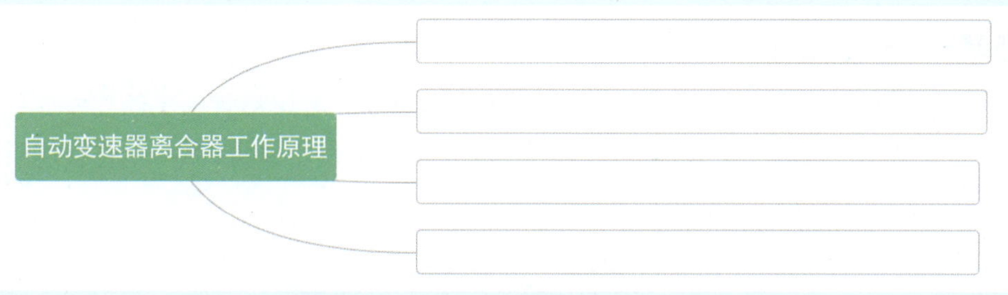

图 5-2-4　自动变速器离合器工作原理

微组织 13：老师检查纠错，学生改正错误。微评价：☆☆☆☆☆

4．请完善表 5-2-10 拆装方法及要求。

表 5-2-10　拆装方法及要求

安装行星架	
安装单向离合器支架	
安装单向离合器	
安装弹性挡圈	

微组织 14：老师检查纠错，学生改正错误。微评价：☆☆☆☆☆

案例

案例一：一辆汽车前进挡正常，但倒挡不将加速踏板踩到底，汽车不起步。

故障分析：如果汽车在所有的前进挡（包括手动 1 挡）起步正常，而倒挡不将加速踏板踩到底，汽车不起步，应重点检查控制阀上的密封垫，而不是先检查离合器和制动器。因为倒挡离合器和制动器的工作容量明显大于前进挡，同时倒挡离合器和制动器通常又兼管前进挡。例如，大部分变速器倒挡制动器又负责手动 1 挡。所以，倒挡不将加速踏板踩到底，汽车不起步，手动 1 挡就更应如此。

故障排除：更换新的控制阀密封垫，密封垫所有的孔和中间隔板上的孔必须完全对正，否则会出现其他故障。

案例二：一辆新能源混动汽车，配备了 E-CVT 款变速器，在行驶的过程中异响严重。

故常分析：E-CVT 变速器区别与传统变速器，既没有 CVT 的钢带，也没有双离合变速器的齿轮组，这款变速器是靠两个电机完成变速和驱动工作做的，如果变速器出现异响，最可能的情况是电机轴承损坏。

故障排除：拆下变速器，打开变速器检查电机轴承是否损坏，如果损坏及时更换。

任务三　安装与调整自动变速器

步骤一　作业准备

请检查作业准备情况，根据检修作业要求做好作业准备，并将检查结果填入安装与调整自动变速器作业准备情况检查表，见表 5-3-1。若已准备，请在方框里画上“√”；若有遗漏，请补充后画上“√”。

表 5-3-1　安装与调整自动变速器作业准备情况检查表

项目	内　容
作业场地	带有消防设施的作业场地□
设备设施	01M 自动变速器□　工具车□　零件车□　吹气枪□　垃圾桶□
工具 / 辅具	套筒扳手组合套具□　塞尺□　预置力式扭力扳手□　离合器分离工具□　油盘□
耗材	清洁布□　泡沫清洁剂□　ATF □

微组织 1：老师检查纠错，学生改正错误。微评价：☆☆☆☆☆

步骤二　安装行星架、B1 制动器和单向离合器

1. 请观看老师示范安装过程，结合老师讲解查阅教材和观看相关视频。制订出行星架、B1 制动器和单向离合器安装工作计划，并填写在行星架、B1 制动器和单向离合器安装工作计划表中，见表 5-3-2。

表 5-3-2　行星架、B1 制动器和单向离合器安装工作计划表

工序	内　容	工具 / 辅具
1		
2		
3		
4		
5		
6		
7		
8		
9		
10		
11		
12		
13		

续表

工序	内　容	工具 / 辅具
14		
15		
16		
17		
18		
19		
20		
21		
22		
23		

微组织 2：老师检查纠错，学生改正错误。微评价：☆☆☆☆☆

2. 请安装检查器和单向离合器并总结操作过程中存在的问题，将问题填写在行星架、B1 制动器和单向离合器的安装问题汇总简析表，并对产生的原因进行简要分析，见表 5-3-3。

表 5-3-3　行星架、B1 制动器和单向离合器的安装问题汇总简析表

序号	问　题	简　析
1		
2		
3		
4		
5		
6		
7		
8		
9		
10		
11		

微组织 3：老师检查纠错，学生改正错误。微评价：☆☆☆☆☆

3．请在图 5-3-1 填入正确答案。

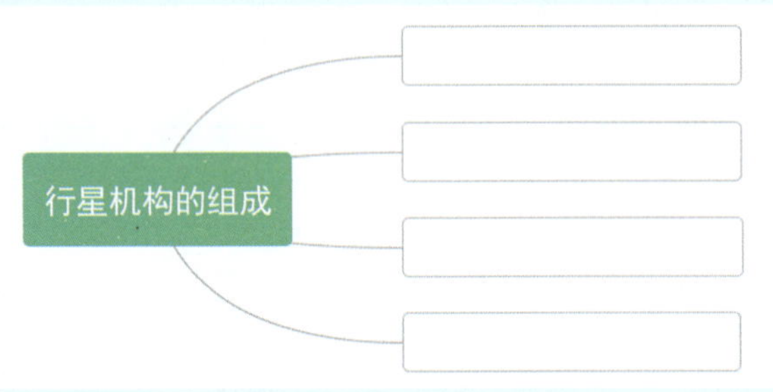

图 5-3-1　行星机构的组成

微组织 4：老师检查纠错，学生改正错误。微评价：☆☆☆☆☆

步骤三　安装大太阳轮、大输入轴和小输入轴

1．请观看老师示范安装过程，结合老师讲解、查阅教材和观看相关视频。制订出安装自动变速器工作计划，并填写在安装大太阳轮、大输入轴和小输入轴工作计划表中，见表 5-3-4。

表 5-3-4　安装大太阳轮、大输入轴和小输入轴工作计划表

工序	内　容	工具 / 辅具
1		
2		
3		
4		
5		
6		
7		
8		
9		
10		
11		
12		
13		
14		
15		
16		
17		
18		

续表

工序	内　　容	工具 / 辅具
19		
20		
21		
22		
23		

微组织 5：老师检查纠错，学生改正错误。微评价：☆☆☆☆☆

2. 请检查并总结操作过程中存在的问题，将问题填写在安装大太阳轮、大输入轴和小输入轴问题汇总简析表，并对产生原因进行简要分析，见表 5-3-5。

表 5-3-5　安装大太阳轮、大输入轴和小输入轴问题汇总简析表

序号	问　　题	简　　析
1		
2		
3		
4		
5		
6		
7		
8		
9		
10		
11		

微组织 6：老师检查纠错，学生改正错误。微评价：☆☆☆☆☆

步骤四　组装 K1、K3 离合器

1. 请观看老师示范安装过程，结合老师讲解、查阅教材和观看相关视频。制订出安装自动变速器工作计划，并填写在组装 K1、K3 离合器工作计划表中，见表 5-3-6。

表 5-3-6　组装 K1、K3 离合器工作计划表

工序	内　　容	工具 / 辅具
1		
2		

续表

工序	内　　容	工具 / 辅具
3		
4		
5		
6		
7		
8		
9		
10		
11		
12		
13		
14		
15		
16		
17		
18		
19		
20		
21		
22		
23		

微组织 7：老师检查纠错，学生改正错误。微评价：☆☆☆☆☆

2. 请实施安装并总结操作过程中存在的问题，将问题填写在组装 K1、K3 离合器问题汇总简析表，并对产生原因进行简要分析，见表 5-3-7。

表 5-3-7　组装 K1、K3 离合器问题汇总简析表

序号	问　　题	简　　析
1		
2		
3		

续表

序号	问　　题	简　　析
4		
5		
6		
7		
8		
9		
10		
11		

微组织 8：老师检查纠错，学生改正错误。微评价：☆☆☆☆☆

步骤五　安装 K2 离合器、B2 制动器和油泵

1．请观看老师示范安装过程，结合老师讲解、查阅教材和观看相关视频。制订出安装自动变速器工作计划，并填写在安装 K2 离合器、B2 制动器和油泵工作计划表中，见表 5-3-8。

表 5-3-8　安装 K2 离合器、B2 制动器和油泵工作计划表

工序	内　　容	工具 / 辅具
1		
2		
3		
4		
5		
6		
7		
8		
9		
10		
11		
12		
13		
14		
15		

续表

工序	内　　容	工具 / 辅具
16		
17		
18		
19		
20		
21		
22		
23		

微组织 9：老师检查纠错，学生改正错误。微评价：☆☆☆☆☆

2. 请实施检查并总结操作过程中存在的问题，将问题填写在安装 K2 离合器、B2 制动器和油泵问题汇总简析表，并对产生原因进行简要分析，见表 5-3-9。

表 5-3-9　安装 K2 离合器、B2 制动器和油泵问题汇总简析表

序号	问　　题	简　　析
1		
2		
3		
4		
5		
6		
7		
8		
9		
10		
11		

微组织 10：老师检查纠错，学生改正错误。微评价：☆☆☆☆☆

3．请在图 5-3-2 填入自动变速器液挡位传递路线。

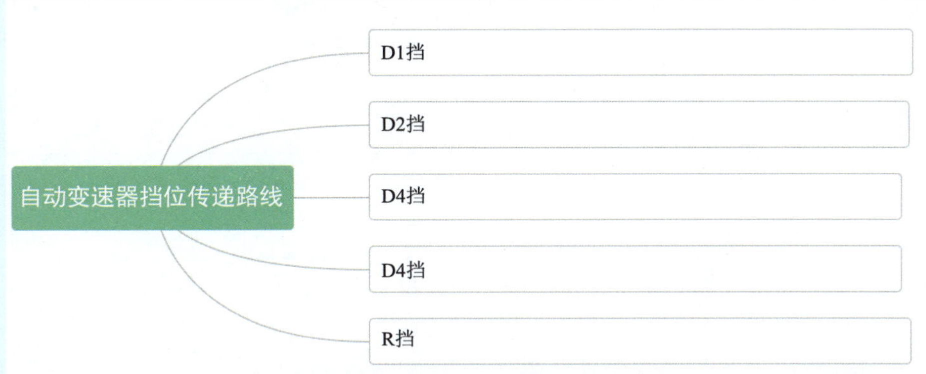

图 5-3-2　自动变速器液挡位传递路线

微组织 11：老师检查纠错，学生改正错误。微评价：☆☆☆☆☆

步骤六　调整自动变速器零件间隙

1．请观看老师示范调整过程，结合老师讲解、查阅教材和观看相关视频。制订出调整自动变速器零件间隙工作计划，并填写在调整自动变速器零件间隙工作计划表中，见表 5-3-10。

表 5-3-10　调整自动变速器零件间隙工作计划表

工序	内　　容	工具 / 辅具
1		
2		
3		
4		
5		
6		
7		
8		
9		
10		
11		
12		
13		
14		
15		
16		

工序	内　　容	工具／辅具
17		
18		
19		
20		
21		

微组织 12：老师检查纠错，学生改正错误。微评价：☆☆☆☆☆

2. 请在方格内写出安装自动变速器要求。

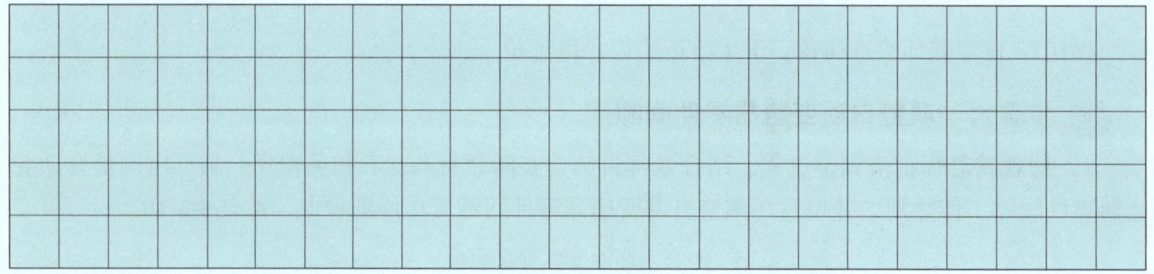

微组织 13：老师检查纠错，学生改正错误。微评价：☆☆☆☆☆

案例

案例一：一辆汽车在 2 挡时踩着加速踏板时没有异常响声，放松加速踏板时能听到“嗡嗡”的异常响声，再次踩下加速踏板时异常响声立即终止。汽车加速正常，也不缺挡。

故障分析：汽车行驶中踩着加速踏板时没有异常响声，放松加速踏板时能听到“嗡嗡”的异常响声，再次踩下加速踏板时异常响声又立即终止，在哪个挡上出现，就表明负责该挡行星齿轮机构单向锁止的单向离合器卡滞或装反。单向离合器在工作的挡上踩着加速踏板时对行星齿轮机构单向锁止，放松加速踏板时和行星齿轮机构一起反向旋转。如果单向离合器卡滞或装反，在放松加速踏板时就不能和行星齿轮机构一起反向旋转，于是产生运动干涉，发出“嗡嗡”的异常响声。

故障排除：单向离合器卡滞不仅会造成异常响声，还会发生烧蚀，烧蚀后不仅单向离合器彻底报废，而且还会导致周边的零件过热变形，所以，单向离合器卡滞应及时更换。单向离合器装反除造成变速器缺挡外，还可能造成其他离合器或制动器损坏，所以，发现单向离合器装反，应立即拆下重装。

案例二：一款混动新能源汽车，配备了双离合变速器，在汽车行驶的时候加油和收油时出现异响。

故障分析：变速器出现异响，可能为变速器内部金属齿轮出现磨损，需要将变速器从汽车上拆下来分解后进行观察。

故障排除：经分解检查发现，变速器驱动轴锥形轴承损坏造成异性，进行更换后可以正常行驶。

项目六　检查自动变速器电控系统

项目任务单

项目描述	完成 2007 款宝来 1.6 L/AT 轿车 01M 自动变速器电控系统检修作业
项目要求	符合 2007 款宝来 1.6 L/AT 轿车自动变速器电控系统的检修技术要求与标准，正确使用工具，完成如下检修作业： 1．检查自动变速器电控系统； 2．检查自动变速器中电磁阀
学习目标	1．准确描述自动变速器电控系统基本组成、类型和优缺点； 2．准确描述自动变速器电控系统检查方法； 3．准确描述自动变速器中电磁阀检查方法； 4．规范地对自动变速器电控系统进行检查作业； 5．规范地对自动变速器中电磁阀进行检查作业； 6. 养成自觉遵守技术标准和要求规定、规范操作、安全、环保、5S 作业的好习惯； 7．提高安全操作意识，养成良好的工作习惯； 8．认识到改进和突破就是创新
项目载体	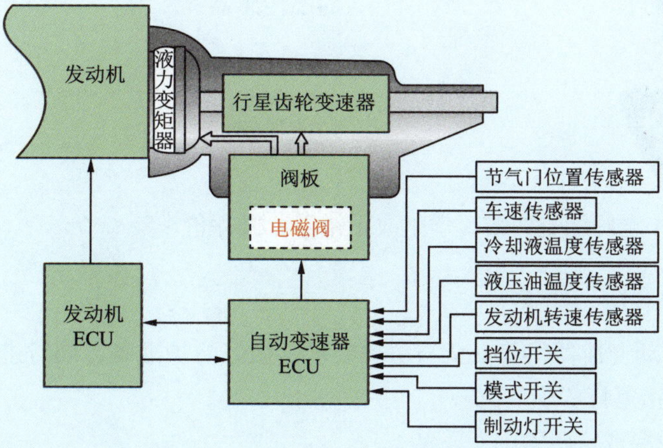 2007 款宝来 1.6 L/AT 轿车 01M 自动变速器电控系统
计划学时	4～8 学时

<table>
<tr><td rowspan="2">工作页</td><td>上课地点</td><td></td><td>学生姓名</td><td></td><td>完成 / 未完成</td></tr>
<tr><td>任课老师</td><td></td><td>上课时间</td><td></td><td>优 / 良 / 中 / 及格</td></tr>
</table>

项目导入

现有一辆 2007 款宝来 1.6 L/AT 轿车来到服务站，车主反映，仪表盘上挡位显示“D”闪烁，且发动机转速达到 2 000 r/min 以上时汽车才能起步，售后服务顾问告知车主变速器可能进入了故障保护模式，需要对自动变速器电控系统进行检查。

想一想

车辆在什么情况下变速器进入保护模式？把想到的原因用铅笔认真地写在下面方格内。

画一画

请查阅相关资料，用笔将下面的图片连到正确名称上。

多动能开关

节气门位置传感器

油温传感器

转速传感器

微组织 1：老师检查纠错，学生改正错误。微评价：☆☆☆☆☆

安全教育与防护要求

请叙述自动变速器保养安全与防护要求，做好防护准备，同时进行自检和互检。若已完成，请在方框内用铅笔打“√”。

☐ 工作服穿戴“四紧”；

☐ 未佩戴手表、戒指、手链、项链等金属饰物；

☐ 严禁摆弄与本任务无关的设备和工具；

☐ 严禁在实训场地追逐、嬉戏、打闹。

微组织 2：老师检查纠错，学生改正错误。微评价：☆☆☆☆☆

项目实施

任务一　检查自动变速器电气系统

步骤一　作业准备

请检查作业准备情况，根据检修作业要求做好作业准备，并将检查结果填入检查自动变速器作业准备情况检查表，见表 6-1-1。若已准备，请在方框里画上“√”；若有遗漏，请补充后画上“√”。

表 6-1-1　检查自动变速器作业准备情况检查表

项　目	内　容
作业场地	带有消防设施的作业场地□
设备设施	2007 款宝来 1.6 L/AT 轿车□　工具车□　垃圾桶□
工具 / 辅具	套筒扳手组合套具□　诊断仪□　预置力式扭力扳手□　剥线钳□　螺丝刀套装□
耗材	清洁布□　泡沫清洁剂□　ATF □

微组织 3：老师检查纠错，学生改正错误。微评价：☆☆☆☆☆

步骤二　变速器常规检查

1. 请观看老师示范拆卸过程，结合老师讲解、查阅教材和观看相关视频，制订出工作计划，并填写在变速器常规检查工作计划表中，见表 6-1-2。

表 6-1-2　变速器常规检查工作计划表

工序	内　容	工具 / 辅具
1		
2		
3		
4		
5		
6		
7		
8		
9		
10		
11		
12		
13		

续表

工序	内　容	工具／辅具
14		
15		
16		
17		
18		
19		
20		

微组织 4：老师检查纠错，学生改正错误。微评价：☆☆☆☆☆

2. 请实施检查并总结操作过程中存在的问题，将问题填写在变速器常规检查问题汇总简析表，并对产生的原因进行简要分析，见表 6-1-3。

表 6-1-3　变速器常规检查问题汇总简析表

序号	问　题	简　析
1		
2		
3		
4		
5		
6		
7		
8		
9		
10		
11		

微组织 5：老师检查纠错，学生改正错误。微评价：☆☆☆☆☆

3．请在图 6-1-1 中填入正确答案。

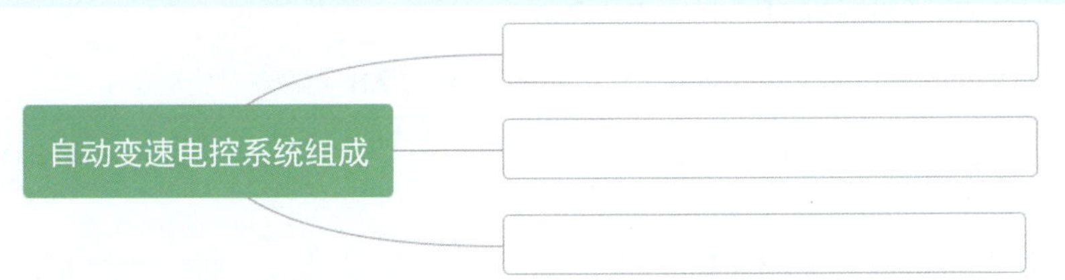

图 6-1-1　自动变速器电控系统组成

微组织 6：老师检查纠错，学生改正错误。微评价：☆☆☆☆☆

步骤三　检查线束插头

1．请观看老师示范检查过程，结合老师讲解、查阅教材和观看相关视频。通过学习制订出检查单项离合器工作计划，并填写在检查线束插头工作计划表中，见表 6-1-4。

表 6-1-4　检查线束插头工作计划表

工序	内　容	工具 / 辅具
1		
2		
3		
4		
5		
6		
7		
8		
9		
10		
11		
12		
13		
14		
15		
16		
17		
18		
19		
20		

微组织 7：老师检查纠错，学生改正错误。微评价：☆☆☆☆☆

2．请进行检查工作并总结操作过程中存在的问题，将问题填写在检查线束插头问题汇总简析表，并对产生的原因进行简要分析，见表 6-1-5。

表 6-1-5　检查线束插头问题汇总简析表

序号	问　题	简　析
1		
2		
3		
4		
5		
6		
7		
8		
9		
10		
11		

微组织 8：老师检查纠错，学生改正错误。微评价：☆☆☆☆☆

3．请在表 6-1-6 中填入传感器的作用。

表 6-1-6　传感器的作用

传感器	作　用
变速器输入转速传感器	
变速器输出转速传感器	
超速开关	
制动开关	

微组织 9：老师检查纠错，学生改正错误。微评价：☆☆☆☆☆

4．请在方格内写出检查自动变速器电气系统要求。

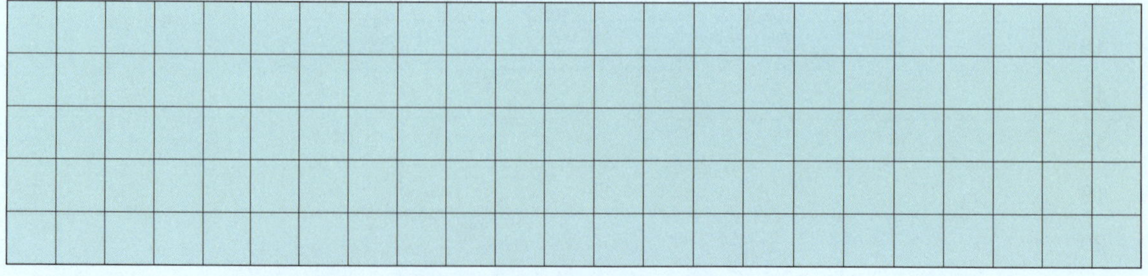

微组织 10：老师检查纠错，学生改正错误。微评价：☆☆☆☆☆

案例

案例：车辆在行驶中，当时速达到 70 km 时自动变速器在 2 挡和 4 挡之间频繁跳动，车辆感觉有点发耸，无故障码。

故障分析：用解码仪读取数据流时发现，当发生故障时发动机的转速突然升高，且节气门开度由 22% 突然上升至 55%，然后再回落到原值，相应的发动机转速也随之回落，但无故障码显示。节气门位置传感器有误，传出的电压不稳，造成计算机得到错误信号，以为此时是处于急加速工况，所以发出错误指令，强行降挡。

故障解决：更换节气门位置传感器，故障解除。

任务二　检查自动变速器电磁阀

步骤一　作业准备

请检查作业准备情况，根据检修作业要求做好作业准备，并将检查结果填入失速试验作业准备情况检查表，见表 6-2-1。若已准备，请在方框里画上“√”；若有遗漏，请补充后画上“√”。

表 6-2-1　检查自动变速器电磁阀作业准备情况检查表

项目	内　容
作业场地	带有消防设施的作业场地□
设备设施	2007 款宝来 1.6 L/AT 轿车□　工具车□　零件车□　举升机□
工具 / 辅具	套筒扳手组合套具□　诊断仪□　预置力式扭力扳手□　剥线钳□　螺丝刀套装□
耗材	清洁布□　泡沫清洁剂 □

微组织 1：老师检查纠错，学生改正错误。微评价：☆☆☆☆☆

步骤二　检查电磁阀

1. 请观看老师示范检查过程，结合老师讲解、查阅教材和观看相关视频。制订出工作计划，并填写在检查自动变速器电磁阀工作计划表中，见表 6-2-2。

表 6-2-2　检查自动变速器电磁阀工作计划表

工序	内　容	工具 / 辅具
1		
2		
3		
4		
5		
6		
7		
8		
9		
10		
11		
12		
13		
14		
15		

续表

工序	内　　容	工具 / 辅具
16		
17		
18		
19		
20		

微组织 2：老师检查纠错，学生改正错误。微评价：☆☆☆☆☆

2. 请检查电磁阀并总结操作过程中存在的问题，将问题填写在检查电磁阀问题汇总简析表，并进行简要分析，见表 6-2-3。

表 6-2-3　检查电磁阀问题汇总简析表

序号	问　　题	简　　析
1		
2		
3		
4		
5		
6		
7		
8		
9		
10		

微组织 3：老师检查纠错，学生改正错误。微评价：☆☆☆☆☆

步骤三　检查电磁阀电路

1. 请观看老师示范检查过程，结合老师讲解、查阅教材和观看相关视频。制订出工作计划，并填写在检查电磁阀电路工作计划表中，见表 6-2-4。

表 6-2-4　检查电磁阀工作计划表

工序	内　　容	工具 / 辅具
1		
2		
3		

续表

工序	内　容	工具 / 辅具
4		
5		
6		
7		
8		
9		
10		
11		
12		
13		
14		
15		
16		
17		
18		
19		
20		

微组织 4：老师检查纠错，学生改正错误。微评价：☆☆☆☆☆

2. 请检查电磁阀电路并总结操作过程中存在的问题，将问题填写在检查电磁阀问题汇总简析表，并进行简要分析，见表 6-2-5。

表 6-2-5　检查电磁阀问题汇总简析表

序号	问　题	简　析
1		
2		
3		
4		
5		
6		
7		

续表

序号	问　　题	简　　析
8		
9		
10		

微组织 5：老师检查纠错，学生改正错误。微评价：☆☆☆☆☆

3．请在图 6-2-1 中填入电控换挡阀工作原理。

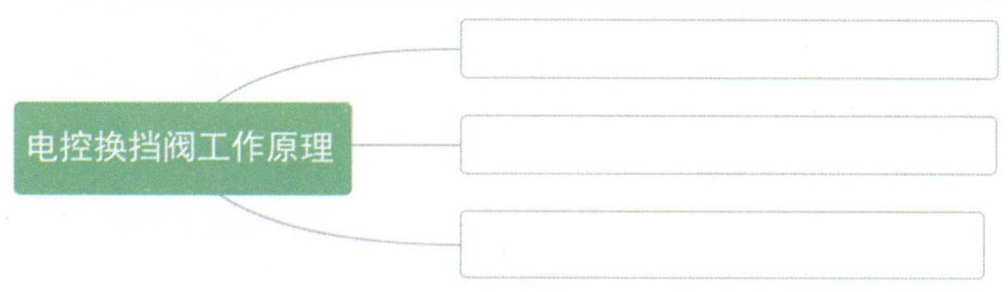

图 6-2-1　电控换挡阀工作原理

微组织 6：老师检查纠错，学生改正错误。微评价：☆☆☆☆☆

案例

案例：故障现象为什么每次换挡的瞬间发动机转速不升反降。而一旦在换挡的瞬间发动机转速不再下降，为什么就会发生换挡冲击。

故障分析：自动变速器电控系统对换挡冲击的防范，主要是由变速器转速传感器向发动机控制单元提供换挡信号，然后发动机控制单元在换挡瞬间推迟点火提前角，降低发动机转速，进而降低油泵油压和主油压，使离合器和制动器接合速度放缓，从而达到防止换挡冲击的目的。每次换挡的瞬间发动机转速下降，就表明电控系统对换挡冲击的防范系统可正常工作。

故障排除：检查变速器转速传感器和线束的电阻值，若传感器电阻值过低，必须更换。

笔记栏

笔记栏

笔记栏